小説

人望とは何か?

眞邊明人

Manabe Akihito

PHP新書

己を尽くして人を咎めず

西郷隆盛

まえがき

本書は新書でありながら小説を謳っています。それにはいくつか理由がありますが、最大の理由は、人は物語を読むことにより、経験学習を擬似的に行うことができるからです。私は小説家ですが、同時に企業研修を提供する会社を経営しています。研修効果を高める上で私が重要視しているのが経験学習です。これは組織行動学者のデイヴィッド・コルブ氏が提唱している学びのメカニズムですが、人は論理や知識だけを学んでもそれを実践することはできず、自分の経験を通して、その論理や知識を持論化し、そこで初めて実践して学びに変換できるというものです。物語には、その経験の部分を擬似的に体験できる効果があります。映画やドラマを観て深い感銘や影響を受けた経験は皆さんもあるでしょう。あれはまさに経験学習そのものです。

今回、「人望」というテーマと向き合ったとき、小説のスタイルにしたのは、そもそも抽象的なこのテーマを学びに変換するには、普通の文章では難しく、物語を通して皆さんに擬似体験してもらうことが、理解を深めるために適しているのではないかと思ったからです。

それではなぜ「人望」を取り上げたのか。その背景には組織におけるマネジメントの難しさがあります。特に中間管理職においては顕著です。

組織は、必ずしも整合性が取れない矛盾を孕んでいます。論理的なリーダーシップ論やマネジメント手法を学んでも、それが当てはまらないケースが出てきます。

例えば、こんなケースがあります。ある企業では女性の活躍促進のために女性管理職を増やす計画を立てています。一方で、管理職の数には限りがあり、その割を食う形で男性の社員が管理職への昇進がかなわないケースがどうしても出てきます。ノルマをはるかに超える成績をあげ、チームや組織に貢献していても、それが評価されず昇進できない。そういう矛盾が発生するのです。

このときに上司はどう部下を説得すればいいでしょうか。もちろん会社の方針として女性管理職を増やすという事情を話すことはできます。しかし、一方ではそもそもの評価基準や査定方法に対する矛盾は残ります。自分より低い実績の同僚が、自分より評価されるという疑問点は解消されないのです。このような事象は、ほかにもたくさんあるでしょう。本部と現場の軋轢もあれば、エリアの格差もあります。人間には感情があり、矛盾を放置するとそれはモチベーションの低下に繋がり、場合によっては離職さえあり得るでしょう。

「人望」は、これらの矛盾を乗り越えるものです。理屈を超えて相手を説得する力です。

「この人が言うのなら仕方がない」

「この人のために頑張ろう」

そう思える力です。この力を持つ人は、いわゆる「ただ優しい人」「都合のいい人」ではありません。時には厳しいことも言うリーダーです。最近はハラスメントへの懸念から部下に心地よいことしか言わない上司も増えてきました。確かに部下の反発は少ないでしょうが、本当の意味での人間関係が構築できなくなってきている気がします。部下から上司へのコミュニケーションも同じで、お互いなるべく摩擦を起こさない希薄な関係に終始してしまうことが多いのではないでしょうか。

一方で、「論破」のような論理だけで相手を打ち負かせばそれでいいという風潮もありますが、結局、そのあとに残るのは感情的なしこりだけですし、その「論破」にしてもある側面からは正しくても別の側面からでは辻褄（つじつま）が合わないこともしばしばです。多様化が企業の中で重視されていますが、まさに多様化こそ、一方的な論理が通用しない世界です。「人望」はそのような矛盾に満ちた、様々な価値観を無形の力で集約するものなのです。組織は目的を持ち、その目的に皆がともに向かって初めて力を発揮できるのです。

私は本書でその無形の力である「人望」を、物語の力で紐解いていきたいと思います。

この物語の主人公である西郷武彦は中堅企業の人事部長です。彼の周りで起こるできごとを通して「人望とは何か？」を探っていきたいと思います。

この西郷武彦のモデルは、幕末最大の英雄、西郷隆盛です。西郷は、幕末の混乱の中、さまざまな価値観や対立をその恐るべき「人望力」でまとめあげた人物です。開国、尊王攘夷、倒幕、維新、廃藩置県、廃刀令……、彼の人生は常に矛盾と対立に満ちていました。論理では到底解決できなかったことばかりです。その西郷を現代に蘇らせ、われわれの日常と同じ目線で「人望」というものを表現しました。

なお、本書で西郷にふりかかるさまざまな難題は実話に基づくものです。私が実際に耳にした出来事を取り上げました。

本書が、読んでいただく皆さんにとって、仕事だけでなく生きていくための一助になればと思います。

人望とは何か？　目次

第3章 海江田本部長の反乱……103

第4章 小松取締役の苦悩……147

イラスト　永井秀樹

登場人物紹介

西郷武彦　株式会社BEATECHの人事部長。営業本部長として類稀なリーダーシップを発揮していたが、新社長である島津敏光と対立して子会社に出向となる。その後本社に復帰して現職。

島津敏光　同社代表取締役。前社長島津彬光の弟。志半ばで病に倒れた兄の後を継承、営業拡大路線を打ち出し、彬光の秘蔵っ子と言われた西郷と対立。

島津彬光　同社の創業者。1カテゴリー1商品という特殊な戦略で会社を急成長させる。西郷にリーダーのあるべき姿を示した経営者。

大久保一人　経営企画室長。西郷の一年後輩で、西郷の親友といってもいい存在。敏光の腹心であり、敏光に西郷の本社復帰を進言した。冷徹な性格であるが、その仕事ぶりは迅速かつ的確、そして実直。

桐野隼輔　人事部に所属。人材育成研修チームのリーダー。もともと営業本部にいたが、西郷が本社復帰にあたり希望して桐野を人事部に異動させた。熱血漢。

五代　巧（たくみ）　営業第一本部第三課新入社員。「ここにいても成長できない」と辞表を提出。

吉井美香　五代の上司。抜群の営業成績をおさめ課長に昇進。小学生の息子を持つ母親。

奈良原洋子　人事部に所属。採用チームのリーダー。管理畑一筋で、桐野とは犬猿の仲。

有馬慎太　営業第一本部第一課課長。猪突猛進（ちょとつもうしん）の熱血漢。

浜野　有馬の部下。大型家電量販店への営業について有馬から厳しい追及を受ける。

永山一太　人事部課長。管理畑一筋で、西郷も信頼を置く。有馬課長とは同期。

村田真治　開発本部所属。ＢＥＡＴＥＣＨのプロダクトデザインを担当。

海江田俊樹　中途入社後、西郷の後任として営業本部長に就任。敏光の大学時代の同級生。

小松立矢（たてや）　取締役兼財務本部長。西郷と共に彬光の薫陶（くんとう）を受ける。敏光との関係も良好。

才谷龍一　才谷ファンド代表。稀代（きたい）の投資家。彬光と親交があり、明るく奔放（ほんぽう）な人物。

伊達小五郎　総合家電メーカーの老舗（しにせ）であるヨツバの副社長取締役。

高杉真一　ヨツバ役員。三十代で同社の新マーケティング戦略を立案した奇才。

第1章

新入社員五代くんの憂鬱

株式会社ＢＥＡＴＥＣＨの人事部長である西郷武彦は、いつものように八時ちょうどに出社した。

西郷が本社に復帰してから、二ヶ月が過ぎていた。ＢＥＡＴＥＣＨは、日本の新興家電メーカーである。創業者は島津彬光（あきみつ）。島津は突出したデザイン感覚を持ち、単身者向けの洗濯機を大ヒットさせ、１カテゴリー１商品という特殊な戦略のもとデザインと機能性に優れた家電メーカーとして会社を成長させた。ただ、島津は志半ばで病に倒れ、後継者として代表取締役に就任したのが財務担当役員であった実弟の島津敏光であった。敏光は兄の路線を引き継ぎつつも積極的な企業規模の拡大戦略を描いた。

この敏光と激しく対立したのが、当時、営業本部長であった西郷である。西郷は創業者の彬光の秘蔵っ子と言われ、一時は次期社長候補にも名前が挙がっていた。そのことを当然、敏光は快く思っておらず、結局、西郷は子会社に出向を命じられてしまった。

それから三年。敏光の拡大路線は挫折を迎えようとしていた。彼の強引な拡大路線は、開発や営業に大きな負担を強（し）いた。その結果、人材の流出が相次ぎ、売り上げも大きく落ち込んだ。彬光が育てた開発本部のデザイナーやマーケティング部門の優秀な人材が他社に引き抜かれたことが致命的であった。ＢＥＡＴＥＣＨの重要な頭脳が他社に移ってしまったのである。敏光は、人事部に補強の人材の確保を命じたが、なかなか結果は出なかった。その間も人材の流出が続いたため、敏光の腹心である経営企画室長の大久保一人が、社員の人望が厚かった西郷の本社復帰を進言。敏光は渋々これを承諾。西郷は、人事部長として本社に復帰したのであった。

「考え直さないか」

西郷が席に着くと、フロアのブースから大きな声が聞こえた。この時間は、まだ部員はあまり出社していない。静かなフロアに大きな声が響き渡った。

「まだ入社して半年じゃないか。今、転職活動しても君にとっていい結果になるとは思えんぞ」

声の主は人事部の桐野隼輔らしい。桐野は、もともと営業本部にいたが、西郷が本社復帰にあたって、希望して桐野を人事部に異動させた。熱血漢で、主に新入社員の研修や指導にあたっている。

「石の上にも三年というだろう。うまくいかなければすぐに別を探すみたいなことをしていたら、いつまで経っても一人前にはなれないぞ」

桐野の言葉に苛立ちが混ざっている。相手の返事は聞き取れないが、桐野との会話はどうやら嚙み合っていないようだ。西郷は席を立って、ブースのほうに歩いていった。

「おはよう」

西郷はブースの中を覗き込んだ。

「あ、部長。おはようございます」

桐野が慌てて立ち上がり頭を下げた。営業部時代から西郷の部下であった桐野はどんなときでも挨拶はきちんと行う。それは西郷の教えでもあった。西郷は、桐野の向かい側に座っている若い社員に視線を向けた。少し長めの前髪を横に流し、細い眉に薄いブルーのシャツ、今時の若者だ。

「おはようございます」

若い社員は頭を下げた。丸い大きな瞳には愛嬌があり、礼儀正しく好感度は低くない。

「朝早くから、何かあったのか？」

西郷は、桐野の横に座った。

「彼は新入社員の五代くんといいまして、昨日突然、辞表を持ってきたので、今朝詳しく話を聞くことにしていました。あまり人がいないほうがいいだろうと思ってこの時間に」

桐野が答えた。

「なるほど」

西郷は頷いて五代を見た。

「所属は？」

「営業第一本部第三課です」

五代は無表情で答えた。西郷は続けて五代に話しかけた。

「たぶんもう説明したと思うが、私にも、もう一度君が辞めたい理由を教えてくれるかな」

「ここでこのまま働いていても、自分が成長できないと思ったからです」

「なるほど」

西郷は頷いた。

「なぜ成長できないのかな？」

「会社説明会や面接のときは、この会社では好きな仕事を自由にできると聞いていました。しかし、実際に入社してみると、ルーティンワークばかりで、いつまで経っても本格的な仕事はできません。これでは無駄に時間を浪費しているだけだと感じました」

「入社して半年で、いつまで経ってもというのは少し気が早すぎないか……会社を舐め……」

桐野が口を挟もうとするのを西郷は止めた。

「君の上司は誰だったかな？」

「管轄の上司は吉井課長です」

「吉井さんとは話をしたのかな？」

「はい。でも取り付く島もない感じで」

「君自身はルーティンワークばかりで成長していないと言っていたけれど、吉井課長も同じように感じているのかな」

「それはわかりません。そういう視点で話をしたわけではないので」

「大体のことはわかった。今の段階で、君が会社を辞めるのがいいかどうかは判断できない。**ただ一旦、会社としてという視点ではなく、君自身にとって転職がいいかどうかという視点で考えてみよう。**それには、もう少し客観的な情報が必要だ。君はまず、転職ありきで考えてみていい」

「部長」

桐野が心配そうな顔で西郷を見た。今は社員の流出が問題になっている。西郷のミッシ

ヨンは、その流出を防ぐことだ。転職を認めるような発言は後々問題になるかもしれない。それでなくても社長の敏光は西郷を嫌っているのだ。

「転職を認めると言っているわけではない。五代くんは話している限り、それなりに合理的な判断はできそうだ。ただ、会社の立場と個人の立場とふたつの視点で話をしても平行線をたどるだけだ。まずは視点を絞って、議論したほうが、議論が嚙み合う。どうだ？五代くん」

西郷は五代を見た。五代は戸惑いながらも頷いた。

「それでは君は、転職するならどんな会社がいいか具体的に社名をあげられるよう考えてくれ。私のほうは、吉井課長を含め、君の仕事ぶりをできる限り客観的に精査する」

客観的に精査という西郷の言葉に、五代は少し不安そうな表情を浮かべたが、西郷はそこで言葉を打ち切って自席に戻っていった。

人望とは何か？ 1

『議論をするなら、同じ視点で』

「石の上にも三年」

　おじさんが若手によく使う言葉です。どんなことでも一定の下積みが必要ということの言葉は、キャリアを積んだ管理職にとっては実感のある言葉です。しかしながら、この言葉は実際にはほとんど効果がありません。なぜなら肝心の若手は、その言葉を実感できる経験を持っていないからです。

　人は経験のないものについては抽象的にしか理解できません。具体的な経験のないものは知識として格納されるだけで、行動を伴うような理解には及ばないのです。ですので、お互いが重なり合う経験や事実を見つけて、そこから議論をはじめることが大切です。

さらにその議論は、同じ「視点」であることが必要です。転職問題には必ず組織と個人のふたつの視点があります。まだ経験の少ない若手には組織の視点は持ちにくいものです。その場合には、まずは個人の視点にフォーカスして議論することが重要です。**相手と同じ視点を持つことは、相手に対立関係より協調関係を感じさせます。交渉における「視点」の統一は有効な技術でもあります。**

歴史上の人物でコーチングの達人は勝海舟（かつかいしゅう）です。幕末、勝のもとには、尊皇派や佐幕派、開国派、攘夷（じょうい）派、さまざまな思想を持った人間が訪れました。彼らは勝の考えを聞きに来るわけですが、勝は常に相手の目線から会話を始め、相手の立場で物事の視点を提供しました。中には勝を殺すために訪れた人間もいましたが、勝が相手の視点で語るため、いつの間にか勝に傾倒してしまうことも度々ありました。

その中の一人が坂本龍馬です。勝は龍馬に対して何をすべきかを説きます。攘夷をするにはそもそも外国を知らなければ戦うこともままならない。戦う以上負けてはいけない。そのためには相手を知ることは軍略では当たり前のこと。攘夷をベースに話すことによって、龍馬の思考に柔軟性を持たせ、やるべきことを明確にしていきます。龍馬は最後はあっさりと攘夷を捨て開国派に転じます。

このように相手の視座に合わせ、具体的な行動を明確にイメージさせることもコーチングにおいて重要な技術です。

「吉井課長。忙しいところすみません」

「こちらこそ、ご心配をおかけしてすみません」

西郷は、営業第一本部第三課の課長である吉井美香を訪ねていた。五代と話した翌日である。吉井は、抜群の営業成績をおさめ課長に抜擢(ばってき)された才媛(さいえん)である。小学生の息子を持つワーキングママでもある。比較的男社会であるBEATECHにあっては貴重な女性管理職だ。

「五代くんの働きぶりはいかがですか？」

「至って優秀です。遅刻もありませんし、社内の資格試験もすべて合格しています。特に問題なく働いていましたので、今回のことは驚いています」

吉井は困惑した表情を浮かべた。西郷が連絡してはじめて、吉井は五代が退職したい意向を持っていることを知ったようだ。

「もともと大人しいタイプなので、あまり気にしていませんでした。申し訳ありません」

吉井は頭を下げた。西郷は今でこそ人事部だが、管理職あたりの社員にとっては営業本部長のときの印象が強い。吉井にとって西郷は尊敬する営業マンであり緊張する相手だ。

「責めているわけではありません。それより、彼はルーティンワークばかりで成長しないと言っていたのですが、その件について心当たりはありませんか?」

「はい。うちは、ご存じの通り、家電量販店の担当ですので、いきなり新人に担当を持たせることはありません。夏場のセールシーズンには家電量販店さんの応援にも行かなくてはなりませんし、この時期は接客の研修と、各店舗での売り上げデータ整理や、受発注の管理、それに先輩社員の営業の同行が主な業務です」

「それらの仕事に身が入っていないということはありましたか?」

西郷の問いに吉井は首を振った。

「いえ。淡々としていますので、心の内まではわかりませんが、少なくとも手を抜くようなことはありませんでした」

「ミスなどはなかったと？」

「まったくないわけではありませんが、例年の新人に比べると格段に少ないと思います。ミスの際にも変な言い訳もせずに素直に謝りますし」

「吉井さんの現時点の評価は？」

「高いです」

吉井は即答した。

「ただ……」

「ただ？」

「本人はマーケティング部門が志望だったので、そこに関しては引っ掛かりを感じていたようです。私にも配置転換はいつ頃あるのかと、盛んに聞いてきましたから」

「なるほど。彼が成長しないと言っているのは配属の不満ということですか」

「心当たりはそれぐらいです……」

吉井は頷いた。

「ここ数年、配属が自分の思ったものと違うという理由で辞める子が数名いました。その子たちは決まって成長できないって言うんですけれど、よくよく聞いてみると配属の不満なんですよね」

吉井は大きな溜息(ためいき)をついた。彼女の言う通り、最近は新入社員が1年以内で退職するケースも出てきている。

「それも不思議なのは転職先を探しているのかと思うとそうでもなくて、とりあえず辞めるって言うんですよ」

「まず一旦、今の環境から抜け出したいということなのでしょう」

西郷は桐野たちと、最近、社員のリテンション施策について話し合ったことを思い出した。

「就職に対する考え方が違ってきているようです。我々の頃は就職といえば一生の選択でしたが、最近は、就職はタイミングであって、就職してから自分のキャリアを考える人が少なくない」

若者の仕事に対する意識はそのときの社会の情勢によって大きく変化する。現在の日本は、第二新卒という言葉があるくらい、新人にとって再就職のハードルは低くなっている。会社が自分に合わなかったり、希望の配属が通らなければ、まず退社をしてゆっくり考えるということは、さほどおかしなことではなくなってきている。

「ただ本人にとってそれがいいかはわかりません。転職して仮に希望通りの配属が叶ったとしても、そのままキャリアを積めるかはまた別の話ですし、気に入らないことがある度、会社を辞めていては……」

西郷の言葉に吉井は眉根（まゆね）を寄せて額に手を当てた。

「私たちが新入社員の頃は配属が希望通りにいかないことぐらいわかっていたのですが。五代くんは頭もいい子なので、その辺は理解しているかと……」

「今は、売り手市場ですから」

西郷は苦笑した。人材流出が激しい現在のＢＥＡＴＥＣＨは、新卒採用は重要な戦略となっている。採用チームは、与えられた採用ノルマを果たすためにどうしても学生に甘い言葉を掛けてしまう。そうしないと競合との戦いに勝てないのだ。

「わかりますけど、もう少し採用チームが、学生に現場の状況をきちんと伝えてほしいものです。好きな仕事を好きなだけできるなんてことはないのですから」

吉井は思わず不満を口にした。そして、すぐに西郷の顔を見て慌（あわ）てて手を振った。

「もちろん西郷部長はよくわかっていらっしゃると思いますが……」

「採用チームに伝えておきます」

　西郷は答えた。実際のところ、人事部の中でも採用チームに対する研修チームの反発が大きくなってきている。吉井の言う通り、甘い言葉で学生を説得しても現場ではそんなことは通用しないのだから、結果として新入社員側にも配属先にも不満が残ってしまう。

「それは私のほうで責任をもって対応しますが、まずは五代くんです。吉井課長としては、五代くんは必要な人材ですか？」

「もちろんです。うちの部署というより、会社にとって有為な人材になると思います」

「それでは、彼をなんとしても引き留めなければなりませんね」

「はい」

　吉井は頷いた。

「私のほうで彼と話をしましょうか？」

「それはまだいいと思います」

　西郷は首を振った。

「言葉で彼に寄り添っても効果は薄いでしょう。それよりも仕事を少し多めに振ってください。期限も定めて、その結果をしっかりと振り返っていただければ。今のところはそれが一番重要です」

「わかりました。指導社員に伝えて行います」

「なるだけ指示は明確に行ってください」

「了解しました」

吉井がメモを取るのを見て、西郷は席を立った。

人望とは何か？ 2

「1on1よりも、明確な指示を」

最近は1on1（ワンオンワン）がブームです。コミュニケーションを良くするための特効薬のように思われる管理職の方も多いのではないでしょうか。1on1とは、定期的に部下と上司が1対1で行う面談のこと。積極的に1on1を取り入れている会社も多いようです。

しかしながら、果たして1on1を行えば上司と部下の関係は良くなるのでしょうか？　もちろん1on1にはそれなりの効果がありますが、きちんと日常におけるコミュニケーションが成立しているからこそ効果が発揮されるのであって、1on1を行うことによってコミュニケーションが良化するわけではありません。

考えてみてください。普段、仲の悪いふたりが直接会話をしたからといっていきなり関係性が良化するでしょうか。お互い気まずい中、上滑りの会話だけになってしまうのがオチでしょう。

また、趣味の話や世間話をいくらしても、それが仕事のパフォーマンスにつながるとは思えません。つまり1on1は、普段からコミュニケーションが取れている上司と部下の間で、より仕事の質を高めるために行うものなのです。形だけの1on1になってしまっているケースが、実際は多いのではないでしょうか。**それよりも重要なのは「仕事における指示」です。**指示を明確化することでコミュニケーションだけでなく、仕事の質を同時にアップすることができます。当たり前のことですが、意外にこの当たり前ができない管理職の方が多いのではないでしょうか。

重要なことは「いつまでに」と「何を」です。相手がいる場合は「誰」、やり方に指定がある場合は「どのように」が必要ですが、何よりも重要なことは「いつまでに」です。「なるはやで」なんて言葉を使っていませんか？　期限を指定しない指示は意外に多いものです。期限を明確にすると、プロセスの管理もしやすくなりますし、お互いの合意形成も明確な意思をもって行えるようになります。「あれどうなった？」などという不毛な会話は消滅します。

バブル期のあたりは、長時間労働が当たり前で、職場でずっと上司と部下が顔を合わせていました。ですから、共有する時間の中で「あれどうなった？」というような曖昧な確認でも仕事の進捗が確認できたわけです。

しかしながら、コロナ禍を経て、上司と部下が共有する時間が限られた現代では、そのような指示では仕事は成立しません。「時間」という共通の尺度を間に入れることによって、仕事におけるお互いの感覚を合わせていくことができます。同じ仕事でも人によって「こなし方」には差があります。「質」の向上も大事ですが、「時間」を改善することでも質は向上していくものです。

「転職先の候補は見つけられたかな」

一週間後、西郷は再び五代と面談を行っていた。

「はい。いくつかは」

五代は答えた。西郷の隣に座っている桐野が顔をしかめた。

「教えてもらえるかな」

西郷は桐野を無視して五代に尋ねた。

「西浦電機とヨッバが候補にあげられるかなと思いました」

五代は返事をした。その表情は硬い。

「どういうところがよかったのかな？」

西郷は続けて聞いた。

「会社の社風が自分に合っているように感じました」

桐野がますます渋い顔をする。

「社風はどこで確認したの？」

「公式ホームページとか、転職のサイトで調べました」

「君の言う成長はできそうかな？」

「それは……」

五代は言葉を詰まらせた。

「まだなんともわかりません」

「なるほど」

西郷は一呼吸置いた。

「ひとつ確認しなければならないことがある」

「なんでしょうか？」

五代は顔をひきつらせた。

「君の成長の定義を教えてくれるかな？」

「成長の定義……」

五代は首を傾げた。

「君は、うちでは成長が見込めないから転職を考えたわけだ。君の定義する成長がわからない限り、議論にはならないと思うのだが、どうだろう？」

西郷の言葉に明らかに五代は戸惑っていた。

「好きな仕事ができること……」

「それは希望が叶うかどうかであって、成長ではないのではないかな」

西郷は優しく五代に問いかけた。

「君は成長と希望を混同しているかもしれないな」

五代は西郷の言葉に目を泳がせた。前回ほどの頑さは見られない。

「当たり前だが、成長は確認できるものでなければならないはずだ。例えば、経験や知識などがあげられる。西浦電機さんやヨツバさんに君が転職したとして、うちよりも経験や知識がたくさん積めるだろうか？」

「それはわかりません。できるかもしれません」

「そうだろう」

西郷は頷いた。

「じゃあ、君を受け入れるほうの立場に立って考えてみよう。君を受け入れるメリットってなんだろうか？　君じゃないといけない理由はあるだろうか」

五代はしばらく考えていたが、

「私でなければならない理由はわかりません。ただ二社とも第二新卒を募集していますので条件には合うと思います」

「たしかにそうだね」

西郷は微笑んだ。やり取りが繰り返されることで五代が追い詰められないように少し間をもたせた。

「君の話を総括すると、西浦電機さんであれ、ヨツバさんであれ、君がここより成長できる確率はやってみなければわからない、ということになるかな」

「そうかもしれません」

五代は素直に頷いた。

「正直なところ転職することが、いいのかどうかわからなくなってきています」

西郷の隣で桐野が驚いた表情を見せた。

「まだまだできないことが多いので、もっと実力をつけなければいけない気がします」

「どうしてそう思ったのかな？」

「この一週間、期限を決められた仕事が意外にできないことに気が付きました。期限内にできた仕事でも精度が低いことを上司からフィードバックをいただきました。そんな実力で他社に移っても果たしてうまくいくのだろうかと……」

「それこそが君の成長の証（あかし）だ」

西郷は言った。そして五代に対して真剣な眼差（まなざ）しを向けた。隣にいる桐野はその西郷の様子を見て、彼が最終的な説得にかかるのを察知した。西郷は普段は穏やかだが、相手を説得するときには、全身全霊を籠（こ）めて説得にかかる。それは西郷の厳しさでもあり、誠実さでもある。

「**ビジネスにおける成長とは、他人の評価にある**」

「他人の……評価ですか？」

五代は顔をしかめた。他人という言葉に引っ掛かりを感じたようだ。

「そうだ。他人だ」

西郷は強い口調で言った。

「ビジネスはひとりではできない。相手があってはじめて成立する。どんなに素晴らしい製品やサービスでも誰も選んでくれなければ、なんの価値も持たない」

西郷は言葉を切って五代を見る。五代は五代なりに西郷の言葉を噛みしめて考えているようである。

「他人に選ばれることこそが、成長の証だ。我々は顧客に、取引先に、上司に、同僚や仲間に選ばれるために日々努力をしている。そしてその評価がそういった自分以外の他人から得られる」

五代は俯（うつむ）いて考え込むような仕草をした。

「他人に選ばれるために我々は知識や経験を積み、人との関係性を持つ。それは企業も同じだ。他人に選んでもらえるように努力をしなければならない。もし、君がここで西浦電機さんやヨツバさんを選んだとしてもそれは君の責任ではない。選ばれなかった我々の問題だ」

「あの……」

五代は西郷を見た。

「メモを取らせてもらってもいいですか?」

西郷が頷くと、五代は手帳を取り出し、ペンを握った。

「君に対する評価を吉井課長に尋ねた。吉井課長は、君をうちに必要な人材だと言われた。課ではなく会社にとってだ」

五代の顔が少し上気した。

「この吉井課長の評価こそ君の成長の証じゃないか?」

「そうかもしれませんが、実感はそれほどありません」

西郷は五代に尋ねた。

「なるほど。その実感があれば転職したいとは思わないからね。質問の方向を変えよう。君は、今、量販店さんの受発注の管理業務をしていると思うが、そこで感じたことがあれば教えてくれないか？」

五代は少し考えた。細い指が記憶を辿るように細かく手帳の上を踊る。

「私はタイセイさんの受発注を担当しています」

タイセイは家電量販店の中でも中堅で、関東を中心に展開している。ＢＥＡＴＥＣＨとは長い付き合いのある量販店だ。

「最近、顕著なのは渋谷店と池袋店の落ち込みです。逆に郊外店はそこまで落ち込んでいません。あくまでも予想ですけれど、この二店舗の購買層が、今までのうちの中心顧客だった若者層から、徐々に年齢が高くなってファミリー層に移っているんじゃないかと思います。ただ製品コンセプトは若者層のままですから、その点は少し問題があると感じています」

五代は慎重に言葉を選びながら言った。その五代の言葉に西郷は大きく頷いた。

「良い視点だ。五代くん、君は他社でも十分通用するだろう。もし転職したいなら、自信を持って受ければいい」

「え？」

五代は驚いて西郷を見た。

「今日は、君のキャリアを視点に議論すると言ったはずだ。その視点から考えたときに、私の結論は転職もありだ」

「部長！」

予想外の展開に桐野がたまらず声をあげる。

「あとは君の判断だ。君の人生は君の判断に委ねる。今日はありがとう」

西郷はそれだけ言うと、サッと立ち上がり、呆気に取られている五代を尻目に背中を向けて席を離れた。慌てて桐野が後を追いかけた。

「部長待ってください！」

桐野は大股で歩いて行く西郷に追いついた。

「転職を認めるようなことを言っていいんですか？」

「言った通り、転職するかどうかは彼の自由だ」

「しかし、部長の口からそれを認めるような発言をされるのはいかがなものかと」

西郷は足を止めた。

「五代くんには、彼の立場に立って議論しようと伝えた。その約束は守らねばならん」

「それはそうですが……」

「彼は優秀な人材だ。もちろん、ＢＥＡＴＥＣＨで頑張ってほしいと私も思う。ただ、今回の件でわかった課題を解決することが先決だ」

「課題？」

「君も同席してくれたほうがいい。付いてきてくれ」

西郷はそう言うと再び、足早にフロアを進み始めた。西郷が向かったのは、採用チームがいる大会議室だった。十月に入ると、採用チームは次年度の採用活動が本格化するために、大会議室を準備室として使っている。西郷は部屋に入ると、採用チームの奈良原洋子に声をかけた。

「奈良原くん」

「あ。部長」

奈良原は西郷の後ろに立っている桐野を見て顔を曇（くも）らせた。ふたりは犬猿の仲である。奈良原は入社以来、管理畑でキャリアを重ねてきた。今年で十五年目になる。仕事熱心で、部下からの信頼も厚いが、一方で排他的なところがあり、他部署との揉め事は絶えない。ここのところは、人材育成研修担当である桐野と常に衝突を繰り返している。

「奈良原くんと桐野くんのふたりに頼みたいことがある」

「なんでしょうか？」

奈良原は警戒心を強めて言った。奈良原にとって、西郷もまた現場出身であり、管理畑の自分とは考えが合わないと思っている。

「改めてふたりで、我が社が求める人材を定義してほしい」

「求める人材？」

桐野が目を丸くした。

「それはすでに定めていますが」

奈良原が挑戦的な口調で言った。確かに会社のバリューの設定で定められている。

「挑戦・変革・行動です」

奈良原が念を押すように言った。桐野は奈良原のこういう嫌味な物言いを嫌っている。

このときもあからさまに顔をしかめた。

「**その挑戦・変革・行動を、具体的に定義してほしい**。どの部署の人間が見ても、常に我が身にあてはめられるように」

「なぜ急にそんなことを」

奈良原がめんどうくさそうに言った。彼女からしてみれば、忙しくなるこの時期に余計な仕事を増やされた、ということになる。

「採用活動が大変なのはよく理解している」

西郷は穏やかに言った。

「しかし、その仕事の真の意味を理解していないと、折角(せっかく)の努力が無駄になる」

「おっしゃりたいことがあれば、はっきり言ってください」

奈良原は不貞腐(ふてくさ)れた表情を浮かべた。

「部長に対してその態度はなんだ！」

奈良原の無礼な態度に思わず桐野が口を挟む。奈良原は不貞腐れてそっぽを向いた。

「採用チームと人材育成研修チームは、人事戦略の中核だ。そしてその目的はうちの戦力になる人材を集め、育てることだ。そのキーが挑戦・変革・行動ならば、それがどういうものか突き詰める必要がある。そして、挑戦・変革・行動は社外に対してのＢＥＡＴＥＣＨのスローガンでもあるわけだ。その言葉の定義を行うことは有用なことだ」

西郷は言葉にほんの少し圧を加えた。

「部署とは会社の目的に対して有機的に機能するものだ。部署の利益が会社の目的を超えてはならない。そのためには、部署の長は常に自分の部署のひとつ上を見ておく必要がある。奈良原くんと桐野くんは協力してスローガンの定義を作成するだけではなく、今から、ふたりの役割を入れ替える。奈良原くんは、人材育成研修チームを、桐野くんは採用チームを率いてもらう」

西郷は、茫然（ぼうぜん）とする奈良原と桐野に有無を言わせず命じた。その口調は一切の反論を許さずという強いものであった。

人望とは何か？ 3

「人望がある人とは、組織の価値観を体現している人」

本書のテーマは「人望」です。そもそも「人望」とはなんでしょうか。辞書で「人望」を引いてみると、以下のような意味が記されています。

「その人に対して多くの人が寄せる尊敬・信頼・期待の心」

単純に読めば、尊敬できたり、信頼できたり、期待できたりする人です。言葉としてはイメージしやすいでしょう。しかし、ここで大事なことがひとつあります。尊敬・信頼・期待は「何に」対して生まれるのでしょうか？　これが人望を生み出す重要な要素です。「何に」を理解しなければ、人望を理解したことにはならないのです。

その答えは「価値観」です。尊敬・信頼・期待は「価値観」が共有されていなければ生まれません。多種多様でバラバラの価値観の中では人望を集めることは難しいといえます。

ですので、人望を獲得するには、何よりも「価値観」を理解することが重要です。「価値観」とは「何に価値があるかの判断基準」です。平和・豊かさ・自由など、その基準はさまざまあります。そして価値観を共有する集団が組織を形成します。

組織は共通の価値観を持った人が集まるからこそ、効率よく大きな力を発揮することができます。企業であれば、規模を拡大し、よりたくさんの人にサービスや製品を展開できるでしょうし、政党であれば、目指す社会を実現することができます。チームスポーツであれば、勝利を得ることができるでしょう。

そして組織には必ずリーダーが必要です。リーダーは組織における意思決定者です。このリーダーに必要なものこそ、「人望」です。人望のあるリーダーとは、尊敬・信頼・期待を部下から集めているリーダーです。

こういう人物がリーダーであれば、部下はリーダーの意思決定に対して迅速に従うでしょう。つまり合意形成が速く、行動が速くなります。一方、人望のないリーダーは、部下を説得しなければならず、合意形成に時間がかかります。仮に強引に従わせたとしても意欲が低いわけですから、その行動が遅く、精度も低いものになるでしょう。人望は組織の目的達成には欠かせないものでもあります。

人望を集める人はその組織が持つ「価値観」の最も優れた体現者である必要があります。他の誰よりも、「価値観」に対する判断基準が明確で厳しい人です。企業であれば、その「価値観」は「企業風土」で表されることが多いでしょう。国であれば「国民性」、チームであれば「チームカラー」です。最近、組織においては多様性という名のもとに「価値観」が分散されてしまう傾向にあります。組織の中の「価値観」がバラバラだと、当然ですが、人望を集めるリーダーは生まれません。価値に対する基準が人によって違うのですから、そこに尊敬・信頼・期待が集約されることはないでしょう。

また、最近、人望のある人を、「誰からも嫌われない人」「誰からも好かれる人」と捉えている人が多いようです。そして、そのためには「相手の価値観を受け入れる」ことが重要という風潮があるようですが、これは間違っています。もちろん、否定してはいけない個人の価値観は存在します。しかし、同時に組織として「共通の価値観」も絶対不可欠です。

企業を例にとると、ベンチャー企業には強烈な「共通の価値観」があります。「新しい製品を世に出す」「上場して一流企業の仲間入りをする」などの目的のために、「何をすべきか」という価値観が社内に形成されやすいからです。一方、大企業になると、目標は「前年度比一五％アップ」など、共感の得にくい経営層だけのものがピラミッド式に下に落ちていくだけの状態になりがちで、「何をやるべきか」はマニュアル化されており、「価値観」は形骸化され、さらにそこに多様化の波がきてしまうことにより、判断基準も曖昧になり、「判断できないリーダー」が大量に生まれてしまうという結果になります。

人望を集める人は、その人の資質というよりも、その組織そのものの状況によるものが大きいのです。その意味では、組織が価値観を強く持つのは、「創成期」と「危機期」です。組織自体が環境に対して能動的に動くタイミングに価値観が強く生まれ、その価値観を体現する人物が現れ、その人物が人望を集めるのです。

企業には大抵の場合、ミッション、ビジョン、バリューが定められていますが、この中では「バリュー」こそが、その名の通り「価値観」を示すものです。「バリュー」と「企業風土」が一致しているのが望ましいのですが、最近はこの手の言葉はただのお飾りになっているケースが多いようです。これは非常にもったいないことです。また、この手の文言は大抵の場合、抽象的な美辞麗句であることが多いといえます。

バリューを価値観に変えるためには「良い」「悪い」が明確になることが必要です。例えば、「変革」であれば、「変革」を促す行動が明確に定められ、「変革」を阻害する行動が明確に定められる必要があります。そして、それはすべての階層、すべての職種に当てはまらなければなりません。それが定められたとき、「人望」が生まれる素地ができあがるのです。

桐野と奈良原の部署替えは一ヶ月ほどで終了し、ふたりは元の部署に戻った。一ヶ月の間でふたりは、「挑戦・変革・行動」という会社の定めた人材像を具体化する七つの方針を定めた。

①否定をする前にアイディアを加える
②まず行動を起こしてから改善点を述べる
③改善点は常に行動に基づいて考える
④階層・職責を問わず新しいことに対する学びを行う
⑤常に行動には期限を定め、期限内に終わるようにする
⑥仕事に対する作業効率の改善につとめる
⑦無駄なことと切り捨てない

これらは何度か、西郷とのやり取りを経て最終的に採用され、各部署に通達された。また、西郷はこれらに対する上司から部下への評価シートの提出、さらには部下からの上司

に対する評価シートの提出も義務づけた。現場からは反発もあったが、西郷が反対する人間に対して説得を行うことで、七つの方針の施行と評価が全社的に行われることになったのである。

この七つの方針を定めるにあたって共同作業を行った桐野と奈良原の関係は、劇的に改善するというわけにはいかなかったが、共に同じ「価値観」をつくりあげたことと、部署を入れ替えたことで現場の部下の声を聞けたため、お互いの部署の課題や目指す方向を理解することができた。

それは仕事に対しては大きな変化をもたらした。奈良原率いる採用チームは、この七つの方針に沿った人材の獲得を念頭に置くようになり、桐野率いる人材育成研修チームは、この七つの方針を鍛える育成プログラムに着手した。両者が同じ価値観を共有したため、以前のようにお互いの領域でのすれ違いは起こりにくくなった。奈良原と桐野が積極的に会話することは相変わらず少なかったが、チーム同士の交流は活発化し、採用チームと人材育成研修チームによる共同のイベントなども企画されるようになった。

そして、このできごとの発端になった五代であるが、

「おはようございます」

西郷がいつものように朝早く出社すると、すでに自分の席についていた若い社員が駆け寄って西郷に頭を下げた。

「おはよう」

西郷は笑みを浮かべて返事をした。

「採用チームの仕事には慣れたか？」

「はい。とても刺激をもらっています」

若い社員、五代巧（たくみ）が元気よく答えた。

五代は会社に残ることを決めた。部署異動の希望も出さなかったが、課長の吉井が、五代のことを考えると、部署を変えるほうがよいと考え、そのことを西郷に相談したのだ。

「君が、転職について考えたことは決して間違ったことでも無駄なことでもない。だが、今度はその君の経験を会社という大きな視点で生かしてくれ」

西郷は期待を籠めて言った。五代は大きく頷いた。

「自分の成長は他人によってつくられるということが部長とお話しさせていただいてよくわかりました。私も少しでも誰かの役に立てるよう頑張りたいと思います」

その五代の瞳は輝いていた。新しい力がＢＥＡＴＥＣＨに宿ったことを西郷は確信していた。

1 議論をするときは、相手の視点に合わせて考えてみる。

2 部下にとって望ましい上司とは、指示が明確な上司である。何を、いつまでに行うのかをはっきり示すことができていない上司が案外多い。

3 組織が持つ「価値観」の優れた体現者が人望を集める。

第2章

有馬課長の暴走

ＢＥＡＴＥＣＨの営業第一本部第一課は、ＢＥＡＴＥＣＨの中でも最重要クライアントである家電量販店のセイチューを担当している課である。ＢＥＡＴＥＣＨは、創業当時、ネット販売が中心だった。一点ものこだわり商品であったから、熱狂的なＢＥＡＴＥＣＨファンに売れればそれでよかったのだ。しかしながら会社の規模が大きくなるにつれ、販路の弱さは大きな課題となっていた。

その課題の解消を創業者である島津彬光から命じられたのが西郷であった。西郷は、販路の拡大のために家電量販店の開拓をはじめた。その最初の目標が家電量販店最大手のセイチューだった。セイチューは規模の大きさだけでなく、バイヤーの質の高さ、そしてその買い付けた商品の展示と販売のスキルの高さが圧倒的だったのだ。当然、新興のメーカーなどが入り込む余地はない。西郷の決断に対して、営業部内から異論が噴出したが、西郷はセイチュー開拓のための特別チームを編成して、果敢にこの挑戦を行った。

二年近くの苦闘の結果、西郷の粘り強さと押しの強さで、ＢＥＡＴＥＣＨはついにセイチューの口座をこじ開ける。そして、店舗への徹底したきめ細やかな営業と、本部バイヤーへの商品企画段階からの意見交換によるセイチュー独占販売製品の開発など大胆な施策で売り上げを伸ばした。業界トップのセイチューがＢＥＡＴＥＣＨを採用したことで、他家電量販店も次々と取引を開始してくれるようになった。セイチューはＢＥＡＴＥＣＨの成功になくてはならない存在になったのである。

西郷が子会社に転出することが決定した際には、セイチュー側が難色を示し、取引の中止までちらつかせ人事の撤回を迫る場面もあったが、そのときは、西郷自らが説得にあたった経緯もあった。現在でもセイチューを担当する営業第一本部第一課は社内で「セイチュー組」と呼ばれ、特別な存在として見られている。

「おい！　浜野はいるか‼」

その第一課のフロアに怒声が響いたのは、十月半ばのことであった。

「渋谷店のオーディオ売り場、どういうことだ‼」

浜野と呼ばれた男性社員が立ち上がる暇も与えず怒声が続いた。怒声をあげているのは、第一課の課長である有馬慎太である。今年、四十二歳。西郷が立ち上げた「セイチュープロジェクト」の一員であり、セイチュー一筋で営業のキャリアを築いてきた。猪突猛進の熱血漢である。

「あの……」

おどおどと浜野が立ち上がった。浜野は半年前に経営企画室から第一課に配属された若手社員である。

「新製品のＢＥＡＴＰＨＯＮＥがどこにも置かれていないじゃないか!!」

有馬は大股で浜野に近づくとその耳元で大声をはりあげた。ＢＥＡＴＰＨＯＮＥは、ＢＥＡＴＥＣＨが新しく開発したワイヤレスイヤホンである。ノイズキャンセリングの機能に優れ、それでいて高いコストパフォーマンスで評価されている、この春の期待の商品だ。

「おまえ一昨日の売り場転換のとき、休みをとっていたらしいな!!」

「あの……前々から有休申請を出していたと……」

「馬鹿野郎！　状況が変わればそれに対応するのが営業だ!!　おまえがのんべんだらりと休んでいたせいで、他社に売り場を取られ、開発チームの努力が水の泡になったんだぞ！　申し訳なく思う能力もおまえにはないのか!!」

有馬はさらに怒声を浴びせた。浜野は真っ青な顔で立ちすくむ。他の課員たちは、有馬の怒りに巻き込まれないよう息を潜めてパソコンに目を落としている。

「そもそもおまえの報告書はなんだ!!」

有馬は手にしていたバインダーを浜野の肩に叩きつけた。

「拾え‼」

真っ青な顔で浜野はバインダーを拾い上げた。

「俺はおまえに行動を逐一報告しろと言ったはずだ‼」

「報告している……」

「してない‼　抜けがあるだろ‼」

有馬は浜野の手からバインダーを取り上げ、素早くページを繰ると、それを浜野の顔に押し付けるように突きつけた。

「移動時間や、休憩もあるので……」

「おまえのような役立たずは無駄な時間を一秒でも削らなければこのセイチュー組で通用するわけないだろう！！！　これからは一時間ごとに報告しろ‼」

有馬の罵声(ばせい)に浜野は唇(くちびる)を震わせた。有馬は目を細め、浜野の顔ぎりぎりまで自分の顔を近づけた。

「おまえなんかに有休なんざ必要ないんだよ」

有馬は、低い声で耳元で囁(ささや)くと、続けて、

「今から、すぐに渋谷店に行け‼　そして売り場を確保するまで戻ってくるな‼　わかっ

たか！！！」

浜野の耳元で絶叫した。浜野は弾かれるようにオフィスを飛び出していった。

「部長よろしいでしょうか」

人事部が行う週一回のランチミーティングのあと、課長の永山一太が西郷に声をかけた。

「なんだ？　深刻そうだな」

西郷は永山の表情を見て言った。

「セイチュー組の有馬の件です」

永山は周りに聞こえないように声をひそめた。

「有馬くんがどうした？」

「社長から厳しい声をいただいていまして……」

「聞こう」

西郷はすぐに永山を会議室に誘った。

「経営企画室から営業第一本部第一課に異動した浜野という若い社員がいるのですが、彼が有馬をパワハラで訴えると言っていまして、それが直接、社長の耳に入り……」

「なぜ我々より先に社長の耳に入ったんだ？」

「実はこの浜野という社員が社長の奥様の縁戚にあたるらしく、奥様に連絡したようです」

西郷は腕組みをした。

「浜野は社長直々の指示で営業第一本部第一課に配属された経緯があります。それで社長が烈火の如く(ごと)お怒りになられて……」

「有馬くんの処遇をどうしろと？」

社長の敏光の性格を考えると、有馬になんらかの処分が下るのは間違いないだろうと西郷は考えた。

「はじめは解雇しろと仰っていたのですが、さすがにそれは無理があるとお諫(いさ)めして、今のところは一刻も早く第一課から異動させろと……」

「事実関係がはっきりしない中、社長の指示といえども性急な処分はできん」

「おっしゃる通りです」

永山は頷いた。

「君は有馬くんの同期だったな」

「はい」

「それでは、君が有馬くんから事情を聞いてくれ。私と彼は上司部下の関係だった時期が長いから公平な判断を疑われるのも困る」

「承知致しました」

永山は頭を下げた。永山は入社以来、一貫して管理畑でキャリアを積んできた。営業部と距離があることで、敏光のおぼえも良い。それに優秀で、感情に流されず冷静で理性的でもある。西郷も信頼を置く部下であった。

「ただ……」

永山は少し暗い表情を浮かべた。

「有馬は、浜野の件だけではなく他の部下からも訴えが来ていまして……高圧的で思いやりがないと……」

「有馬くんがか？」

西郷は首を捻（ひね）った。部下であった頃の有馬は激しい性格ではあったが、明るくてカラッとしていた印象がある。

「私も意外です。同期の中では明るくてムードメーカーでしたから。気のきく優しい奴でした。一年くらい前から、あいつに対する悪い評判を耳にするようになりました」

「何かあったのかもしれんな」

管理職になると、急に人が変わってしまう者もいる。ましてや営業で最重要クライアントを背負っているとプレッシャーもかかるだろう。

「まずは有馬くんがどう考えているかを、しっかりヒアリングしてくれ」

人望とは何か？ 4

「組織の矛盾は中間管理職へ……」

中間管理職の難しさは今も昔も変わらないところではありますが、日本の企業においては、管理職に求められる仕事が以前よりも増えてきているようです。多様性や働き方の改善など、日本でも職場の環境に変化が起こっていますが、その一方で数字や成果に対する評価は変わらずシビアなものがあります。働き方を改善するために、目標を下げて緩やかな成長を目指しましょう、というわけにはいかないのです。

また、働き方の改善や多様性を認めるなどといった施策は主に一般社員に向けられたものであるため、会社の数字と働き方の矛盾は必然的に中間管理職の人たちに集約されてしまう傾向にあります。加えてそこにハラスメントに対する注意喚起もありますから、中間管理職の人たちはマネジメントするよりも「自分がプレイヤーとしてなんとかするしかない」という意識が強く働いてしまいます。仕事の量もプレッシャーも多くなれば、必然的に被害者意識のようなものが植え付けられていきます。

ある大企業では、経営陣から「若手の指導の強化」を命じられた中間管理職の方が「育成までしなければならないのなら手当を出してくれ」と言ったそうです。管理職なのだから、人材育成は当然管理手当の中に含まれていると思うのですが、そう言ってしまうほど、仕事の量が多いのも事実なのでしょう。**日本の大企業はどうもこうした矛盾を根本から解決するよりも「誰かに押し付けてしまう」風潮**があり、うわべのきれいごとに現場が振り回され、矛盾を背負わされる一部の社員の負担が倍増する、そんな働き方改革になってしまっている企業も少なくないのではないでしょうか。

「じゃあ、社長が俺の代わりをやってくれるのか!!」

興奮した有馬が打ち合わせブースの机を思い切り叩いた。

「ＢＥＡＴＰＨＯＮＥが今年の勝負商品だから、なんとしてでも実績をあげろと言ったのは経営陣だろ！！」

「有馬、落ち着けよ」

　永山は有馬を持て余すように立ち上がり、肩を押さえた。

「渋谷で新商品の売り場をキープできなかったことなんて、今までなかったんだ!!　俺は何も浜野に休むなと言っているわけじゃない！　休むなら休むで、その対応をするべきだ。あいつはそれを放置して自分の都合を優先したんだ!!　それが問題ないと言うのなら、もう俺は数字に対する責任なんか負えないぞ!!」

「おまえの言うことはわかる。しかし、それも含めて、おまえが指導するべきことだ。怒鳴りつけるだけでは人は育たんぞ」

　あまりの有馬の剣幕に、思わず永山は苦言を呈するような口調になった。とたんに有馬は唇を震わせた。

「おまえまでそんな風に言うのか」

「俺はおまえを責めているんじゃない。ただこういうご時世だ。浜野くんが正式に君を訴えることになれば、会社はおまえを処分せざるをえない。俺はおまえを救いたいんだ」

「会社が俺を切って、浜野をとるというならそうすればいい」

「そういうことを言っているんじゃない」

永山は持て余した。

「今まで俺は会社のためにすべてを捧げてきた。俺はおまえのように要領がいいわけじゃない。でもな。俺なりに会社のためを思って働いてきたんだ。その俺が、自分の権利を振りかざして仕事をしないぼんくら社員よりも雑に扱われるなら、もうそんな会社、こっちから願い下げだ！」

「有馬。頼むから落ち着いてくれ。おまえがそんなに頑な態度を取ると、落としどころがなくなってしまうんだ」

「納得できない落としどころなんて、まっぴらごめんだ‼」

有馬はそう叫ぶと、憤然と席を立ってブースの衝立を蹴倒すような勢いで出ていってしまった。永山はその有馬の後ろ姿を茫然と見送ることしかできなかった。永山は溜息をつくと、ブースの外に出た。フロアにいた課員たちの視線を浴びながら、自分のオフィスに戻ろうとすると、

「あの……」

後ろから声を掛けられた。振り向くと、若い女性社員が立っていた。

「私に何か？」

永山は女性社員に言った。

「営業サポートチームの大山と言います。有馬課長の件でお話ししたいことがあります」

「なんとか穏便に済ませてもらえませんか」

西郷の前で開発本部の村田真治が頭を下げていた。村田は創業社長である島津彬光の秘蔵っ子といわれたデザイナーで、ＢＥＡＴＥＣＨのプロダクトデザインを統括している。ＢＥＡＴＥＣＨの人気の要因のひとつは、独特で洗練されたデザインだが、その根幹を為すのがこの村田だ。村田は現在では開発本部長も兼任している。

「有馬さんは、本当によくやってくれています。開発本部に顧客の声を届けてくれたり、きめ細かい販促イベントを開いてくれたり。今回も新製品のＢＥＡＴＰＨＯＮＥの売り出しのために毎晩遅くまで開発本部のメンバーと打ち合わせをしてくれて、ああいう人が営業からいなくなるのは、会社の損失です」

「有馬くん本人が聞けば泣いて喜ぶでしょう」

西郷は言葉を慎重に選びながら答えた。

「難しいんですね……」

村田は落胆の表情を浮かべた。

「まだなんとも言えません。有馬くん自身の考え方もあります」

「私から社長にお願いしましょうか？」

「それはやめておかれたほうがいいでしょう。かえって社長は意固地になってしまわれる気がします」

村田も現社長の敏光にとっては、兄である彬光一派なのである。村田の代わりがいないので現職の地位を与えているが、必ずしもそのことに納得しているわけではない。西郷は有馬の件で会社の中の不協和音が大きくなることは避けたいと考えていた。

「今は、当事者である浜野くんと有馬くんふたりの関係性を改善することが重要です」

「そうですね」

村田は大きな溜息をついた。

「昔は、営業や開発などの区別などなく、皆同じ方向を見て良い製品を世の中に出そうと頑張っていたのに……会社が大きくなるとそんな簡単なことが難しくなるんですね」

「創業時は会社全体が社会の中で居場所を確保することに一生懸命でしたからね。今の若い社員にとっては会社が社会に存在していることが当たり前ですから、なかなか価値観を合わせるのは難しいものです」

西郷は答えた。西郷の言葉を噛みしめるように村田は口を閉ざしていたが、何かを思いついたらしく、西郷のほうに身を乗り出した。

「ご提案があります」

「なんでしょう？」

「今、浜野さんはどうしていますか？」

「有馬くんの処分が決定するまで、自宅で待機してもらっています」

「それならしばらくうちで預からせてもらえませんか？」

「開発本部にですか？」

「彼は、私が面接したので覚えています。たしか開発が希望だったはずです」

西郷は、パソコンを叩いて浜野のデータを呼び出した。確かに入社時の配属希望は開発本部になっていた。

「異動というわけにはいきませんよ」

西郷は釘を刺した。トラブルのたびに異動を認めていたのではきりがない。

「もちろんです。これはあくまでも有馬さんを救うためのものです」

「救うため？」

「いかに開発本部にとって営業の力が大事か、そして有馬さんが開発本部のメンバーに頼りにされているかを知ってもらおうと思います」

「大丈夫ですか？」

西郷は首を傾げた。あまり見え透いた有馬擁護を目の当たりにすると、浜野の心が余計に閉ざされてしまうのではないか。村田はそんな西郷の意図を読んだのだろう。

「安心してください。開発のメンバーは心得ています。あくまでも、我々がいかに製品をつくることに情熱をかけているか、そして営業の力を必要としているか、そのことを浜野さんにわかってもらえればいいと思っています」

「それならば安心しました」

西郷が笑みを浮かべた。

「お任せいたします」

人望とは何か？ 5

「言葉だけではモチベーションは上がらない」

人間は「矛盾に満ちて」います。コンピューターのように、入力したコマンド通りに精密に再現できることはありません。同じ状況や事実を前にして、立場や視点が変わると違う思考や行動を取ります。また厄介(やっかい)なことに、立場や視点が同じでもコンディションが変われば違う結果を生み出すこともあります。人間を機械のように完璧なコントロール下に置くことは不可能です。

人間には「感情」という思考や行動に直結するスイッチがあります。人間が機械になれないのは、このスイッチが非常に不安定で制御が難しいからです。一方でこのスイッチは、その人間が持つ能力を大幅にアップデートする力も備えています。機械は基本的に変わることがありませんが、人間は変わり続けることが可能です。最近ではこの「感情のスイッチ」のことを「モチベーション」と呼んだりします。リーダーは、モチベーションをアップさせるモチベーターにならなければいけないという話もよく聞きます。それでは「感情のスイッチ」はどうやってコントロールすればいいのでしょうか。結論から言うと、「感情のスイッチ」を他人がコントロールすることはできません。

できることは「感情」を生み出すシチュエーションをつくってあげることだけです。よく他人の言葉でやる気が出たり、悔い改めたりということを聞きますが、それらはすでに「感情」が動いていて、相手の話に「聞く耳」を持つ状態にあるためです。言葉によって「感情のスイッチ」が入ったわけではありません。**ただ優れた指導者は、「感情のスイッチ」が入った瞬間を見逃さずに、声を掛けることができるので、結果的にはその言葉で思考や行動が変わったように見えるのです。**

指導者に必要な能力は、指導すべき人間をよく観察し、状況を変え、そしてその変化によって「感情のスイッチ」が入った瞬間を見逃さず、相手が聞く耳を持った瞬間に指導を行うことです。

この「感情のスイッチ」で参考になる話があります。ジャイアンツで優れた二番打者として活躍した清水隆行さんからお聞きしたもので、広島、巨人で数々の強打者を育てた内田順三打撃コーチと清原和博さんの逸話です。

一九九六年FAで巨人に移籍してきた清原選手は、それまでの実績とFAでかかる期待のプレッシャーから他人を寄せ付けないオーラを発して、当時、打撃コーチであった内田さんに対しても話しかけるなというような態度だったそうです。内田さんは現役時代、さしたる実績もなかったため、清原選手としてはコーチングを受ける意味はないと考えていたのかもしれません。内田さんは清原選手の頑な態度に対しても、無理に距離を縮めようとせずに、ただ彼のバッティングをじっと見て観察していました。内田さんを拒絶していた清原選手ですが、そのうち、清水さんを含め、松井秀喜選手、高橋由伸選手ら清原選手が認める一流選手たちが内田さんのコーチングを受けている姿に気づきます。

そしてある日。内田さんと清原選手がふたりきりになる瞬間がありました。そのとき、清原選手が自ら内田さんに声を掛けて、自分のバッティングについて質問しました。内田さんが自分の練習をずっと観察していたことに清原選手は気づいていたのです。そこで内田さんは、清原選手のフォームのある問題点について指摘しました。それはまさに清原選手が気にしていた点でした。その瞬間、清原選手の「感情のスイッチ」が入りました。それからの清原選手は内田さんに心酔します。内田さんは、気難しくて実力のある部下の「感情のスイッチ」を見逃さない、粘り強くて鋭い観察眼の持ち主だったのです。

清水さんは、巨人の打撃コーチに就任する際、内田さんにコーチの秘訣(ひけつ)を尋ねたところ「聞く耳を持たない」状態では何を話しても効果はない。大事なことは「聞く耳を持つ」状態になるタイミングを見逃さないことだとアドバイスされたそうです。

「聞く耳を持たずか」

村田と会ったあと、永山からの有馬に関する報告を聞いて西郷は溜息をついた。

「完全に冷静さを失っています」

永山は難しい顔をして言葉を続けた。

「一切、浜野くんに詫びるつもりもなければ、会社の処分も受け入れるつもりはないと」

「困ったな」

西郷はこめかみをトントンと指で叩いた。西郷の考えるときの癖である。西郷としては、まずは有馬に浜野に対して詫びさせて、その上で浜野を説得するつもりであった。両者の和解が成立すれば、有馬の処分も最小限に抑えることができる。

「その有馬について、営業サポートチームの大山さんという女性社員が教えてくれたことがあります」

「なんだ?」

「昨年、有馬は奥さんとの間にできたお子さんを亡くしていまして……」

「そうなのか……」

西郷には初耳であった。

「実は私も知りませんでした。妊娠初期の流産だったらしく、その時期を境に有馬の様子がおかしくなったようだと、大山さんが教えてくれました。彼女は第一課の事務を担当しているので有馬とコミュニケーションをとることが多いそうです。それまでは課員には厳しかったものの、ある程度は配慮があったそうなのですが、奥さんの件を境に一切手加減しなくなったようです」

「ふむ」

西郷が腕組みをした。有馬の妻は、もともと西郷の部下であった。有馬の二年後輩で、新入社員のときに有馬が教育係を担当した縁で結ばれたのだ。結婚式の際には西郷が主賓で招かれた。妻は結婚と同時に退職したが、長く子供を授からず何度か相談を受けたこともある。

「相当ショックだったんでしょう……」

永山が暗い表情で言った。

「だからといって、そのことと仕事のことは別だとは思いますが」

「**人間はそんなに公私を割り切れるものではない**」

西郷はそう言うと考え込んだ。

「どうしますか？　このままだと最悪、有馬は会社を辞めることになるかもしれません」

「有馬くんはうちに必要な人材だ。しかし、会社にとっての秩序やルールというものもある。一旦、私にこの件、預からせてくれ」

永山は黙って頷いた。

それから数日後。

永山は大山から、聞き捨てならない噂を耳にした。有馬が営業第一本部第一課のメンバーを何人か引き連れて独立する、というものである。もしこのことを、経営陣が知ることになれば、有馬の懲戒免職（ちょうかいめんしょく）は免れない。永山は取るものも取りあえず西郷に相談することにした。オフィスに入り、部長席に目をやると西郷の姿はなかった。その永山の姿を目にした桐野が声をかけた。

「永山さん。部長をお探しですか？」

「あぁ」

永山は返事を返した。

「部長なら応接室ですよ」

「お客さんか？」

「ええ。有馬さんの奥さんです」

「有馬の？」

永山が桐野とやりとりをしていると、応接室の扉が開いて、西郷が顔を出した。

「永山くん。ちょうどいい。君もこちらに来てくれ」

西郷が永山を手招きした。永山は西郷に続いて応接室に入った。応接室には有馬の妻の美紀子がいた。在籍時と変わらぬショートカットのおとなしい雰囲気だ。ただ前よりも表情が暗くなった気がする。

「私が奥さんをお呼びした」

西郷が言った。

「永山さん、お久しぶりです。主人がご迷惑をおかけしていまして……」

美紀子は立ち上がると、永山に深々と頭を下げた。

「いえいえ。有馬とは同期ですから、なんとか力になりたいと思っています」

永山は手を振って、美紀子をソファに座らせた。

「有馬くんはだいぶムキになっているようだな」

西郷が永山に向かって言った。

「独立をすると言っているそうだ」

「お聞きになりましたか」

永山は溜息をついた。

「今、奥さんからその話を聞いたところだ」

「主人は、私が流産したことに責任を感じているのです」

美紀子が小さな声で言った。

「どういうことですか？」

永山は尋ねた。

「私が流産した日、主人に体調が悪いことを連絡したのです。でも、売り場の変更に立ち会わなければならないので、どうしても帰れないと。私もそこで強くお願いすればよかったんですけれど、仕事の大変さがわかるぶん遠慮してしまって……」

美紀子はそう言うと俯(うつむ)いて少し声を震わせた。

「主人は泣いて詫びてくれました。私としては、子供のことは仕方がないとあきらめることにしたのですが、主人はそれ以来、私と一緒にいることが辛そうで……以前にもまして仕事に没頭するようになってしまったのです」

「有馬のやつ……」

永山が怒りを顔に表す。有馬があまりに身勝手に思えたからだ。

「奥さんは、有馬くんに対してどう思われているのですか？」

西郷は優しく美紀子に問いかけた。美紀子は俯いたまま、小さい声で答えた。

「私としては、もう一度、ふたりで楽しく笑い合いたいと思っています。仕事を一生懸命する主人も好きですし、でも家で楽しそうにしている主人がもっと好きなんです」

美紀子の言葉に西郷は頷いて、そっとハンカチを取り出し、美紀子に手渡した。

「であれば、必ず奥さんのために、有馬くんを前の有馬くんに戻します。有馬くんはこの会社に必要な人材ですが、それ以前に奥さんにとって大切な人です。その大切な人を守るのも我々の役目です」

西郷はそう言うと、永山に視線を移した。

「奥さんをお送りしてください。私はこれから有馬くんに会います」

スマートフォンをタップしながら、西郷は立ち上がって応接室を出ていった。

人望とは何か？ 6

「オンとオフを区別せずに考える」

オンとオフを分ける。公私混同してはいけない。社会人になるとよく聞く言葉です。言葉としては理解しやすい至極もっともな話です。

しかし実際のところどうでしょうか？　本当にオンとオフで、きれいに思考が分かれている人がいるでしょうか。ほとんどの人は仕事かプライベートかどちらかに判断基準が偏っているのではないでしょうか？　それが普通だと思います。脳にはオンとオフのフォルダのようなものはありません。何かことが起こるたび、思考を動かしてそのものごとを仕事かプライベートか、さらに優先順位を判断する必要があります。

加えて厄介なことに、思考は常に起動していて、さまざまな情報を処理しています。ですから自分の脳のメモリを常にオンとオフの判断に使うことはそもそも無理があるのです。

このことの解決法を示したのが、アメリカの経営コンサルタントであるデビッド・アレン氏です。アレン氏は、「そもそもオンとオフを分けることには意味がない」という発想をします。

人間は、次の行動を促すような思考が生まれたとき、それを脳の中に保持しようとします。そこにはプライベートと仕事の区別や優先順位もありません。皆さんも大事な会議中に突然、買い物のことなどを思い浮かべたりすることがあるでしょう。そして一旦、それが浮かぶと人間の脳はそれを記憶に留めようとします。結果、脳のメモリは優先順位の低い、プライベートなものに占められてしまい、本来、集中しなければならない仕事への意識が削がれてしまうわけです。

アレン氏はこの状態は普通であるとして、頭に浮かんだことはオンとオフの区別なく、すべて書き出して整理する方法を提言しました。ＧＴＤ（Getting Things Done）という手法です。オンとオフ、仕事とプライベートはきれいに区別されているわけではなく、我々の日常の活動の中では混ざり合っているのです。

　ワークライフバランスという言葉がありますが、この言葉はこの人間の思考に適した言葉です。バランスという言葉の通り、仕事とプライベートのバランスを常に取りながら生きていくことはストレスの軽減になります。**仕事もプライベートも「区別せずに考える。どちらも大事なものとして考える。**どちらが大事かという発想よりも、「区別せずにそのことがらの重要性を考える」ほうがよほど建設的であると思います。

　そして、これからのリーダーには、「仕事のみ」という近視的な考え方ではなく組織の中で「生きていく」者として、幅広い価値観を自身の中で培っていく必要があります。そして魅力ある組織とは、組織全体で社会の中で存在する意義や意味が、組織を構成する一人ひとりの中に宿っていることです。それができれば、オンとオフや仕事とプライベートのどちらが大事か、というような不毛な考えに悩む必要はなくなるでしょう。

　最近は育児と仕事を両立する女性社員や、育児に積極的に参加する男性社員も増えてきました。オンとオフが混在する働き方です。上司として、仕事だけではなく、育児や家庭の問題などにもアドバイスを送れる人が人望を集めます。こういう上司は、会社という単位で部下を見るのではなく、社会という大きな概念で見ることができる人です。つまり、会社が社会に存在する意義を考えられる人ということであり、人望に必要な「価値観」を持っている人だということです。


「総務部に？」

「そうだ」

有馬を前にして、西郷は厳しい表情で言った。

営業部の会議室に有馬が現れたのは、美紀子が会社を訪れてから三時間後のことであった。

「どういうことですか」

有馬は顔を真っ赤にして西郷を睨みつけた。有馬にとって西郷は今でも上司であり恩人だ。しかし、そんなことは今の有馬には関係ないようであった。

「額面通りに受け取ってくれていい。君は浜野くんへのハラスメントの問題を受けて、営業部を離れて総務部へ移ってもらう」

「懲罰（ちょうばつ）人事ですか」

「そう受け取るならそう受け取ってもいい」

「冗談じゃない！」

「部長!!　私は処罰されるくらいなら今すぐ辞めます!!」

有馬は大声をあげた。

「それも許さない」

西郷は冷たく言い放った。西郷の有無を言わせない口調に有馬は一瞬たじろいだ。しかし、すぐに口を開いた。

「私の進退は私の自由です!!　部長に命令されるおぼえはありません!!」

「私が命令しているのではない」

西郷は有馬を見据えた。

「君はこのＢＥＡＴＥＣＨにとって必要な人間だ。君が辞めることを許さないのは、ＢＥＡＴＥＣＨという組織全体だ」

「ならどうして！」

「その問いに答える前に君に会わせたい人間がいる」

西郷はスマートフォンをタップして、電話を掛けた。

「入ってきてください」

しばらくすると開発本部の村田が入ってきた。そして、その村田のあとから入ってきた若い社員を見て有馬が驚いた表情を浮かべた。

「浜野……」

「有馬さん。浜野さんはしばらく開発本部で預かっていました。今日は浜野さんの意思でここに来ました」

村田はそう言うと、浜野に視線を送って促した。浜野は青ざめた表情で立ったまま、有馬に頭を下げた。

「課長。すみませんでした」

有馬は納得いかない表情で浜野を睨みつけ、今度は村田を見た。

「なんの茶番ですか？」

「茶番ではありません。浜野さんは会社も有馬さんも訴えないそうです」

村田はそう言うと、ぽんと浜野の背中を叩いた。浜野は目を伏せたまま小さな声で話し出した。

「開発本部に行ってみて、開発の皆さんがいかにＢＥＡＴＰＨＯＮＥに全力を注いでいるかがわかりました。正直、開発の皆さんの話を聞いて、今まで知らなかったＢＥＡＴＰＨＯＮＥの魅力に気づきました。そして、この製品を少しでも世に広めたいと思ったんです。そう思ったとき、自分があの日、渋谷店のリニューアルに立ち会わなかったことを後悔しました。

まだ課長にあの日怒鳴られたことには納得していません。納得はしていませんが、そのことで会社や課長を訴えることが私にとってそこまで意味のあることではないように思えました。私自身、商品に対する愛情や他の部署の人たちの努力に対して報いることができていない状況を、まず改善しなきゃいけないと考えるようになったんです」

最後のほうは涙声で聞き取れないほどの小さな声であったが、浜野は自分の想いを伝えた。その言葉を聞いても有馬は表情を変えることはなかった。西郷は立ち上がり、そっと浜野の肩に手を置いた。

「言い辛いことを言ってくれてありがとう。君もまた、ＢＥＡＴＥＣＨに必要な人間だ。この経験を君の財産にしてほしい。改めて、営業部に戻ってもらう。今はこれでいい。村田さん、ありがとうございました」

西郷は村田に頭を下げた。村田が笑顔で手を振り、有馬に身体を向けた。

「有馬さん。開発本部は皆、有馬さんに感謝しています。そして有馬さんのことを一番考えているのは西郷部長です。あなたが納得できなくても今は西郷部長の意見に従ってください。それが、あなたがとる一番正しい選択だと思います」

村田はそれだけ言うと、浜野を伴い、会議室を出ていった。

「浜野が謝ったからといって、私の考えが変わることはありません」

有馬はふたりの背中を見送ると、すぐに西郷に言った。あきらかに不貞腐れた態度であった。

「有馬」

西郷の語気が変わった。

「今のおまえは、自分しか見ていない。浜野くんのことを言えた立場ではない」

「なぜですか!!　私は会社のことを思って……」

「**奥さんのことはどうでもいいのか**」

「え……」

有馬の表情が固まった。

「今、おまえが一番想っておかねばならんのは奥さんのことじゃないか？」

「部長……」

「お子さんを亡くして一番辛い想いをしているのは奥さんだ」

西郷の表情は厳しく、その目は鋭かった。西郷が怒っている。長く西郷の部下であった有馬はそれをすぐに理解した。西郷はポーズで怒るようなことはない。怒るときはいつも真剣だ。

「私はおまえたちセイチュー組に厳しく指導したはずだ。我々は数字を追うのではなく、人の幸せを追うのだと」

西郷の言葉は鋭かった。

「そして、それは仕事に関わるすべての人に対してだと。今は亡き彬光社長は、BEATECHの製品は常に、買ってくれた人を幸せにするだけでなく関わった人全員を幸せにしなければならないと仰った」

有馬の脳裏にセイチューと取り引きをするために西郷と駆け回った日々が蘇った。西郷は今よりもはるかに厳しく、そしてタフだった。しかし、常に部下のことを気にかけ、家族の誕生日や、子供の行事や記念日などには声を掛け、休みをとるように気を使っていた。毎日毎日がハードだったが、なんとかあのきつい日々を乗り越えられたのは西郷の懐（ふところ）の深さがあったからだ。

「セイチューさんとの仕事が成功したのは、皆がその仕事の先に幸せを見つけていたからだ。俺はおまえたちからたくさんの幸せをもらった。そして、セイチューさんからもいただいた。あの頃は夜も昼もなく働いた。しかし、それは皆の家族の協力があったからだ。皆がそのことを思い、支え合ったからだ」

　有馬の目を西郷が捉えた。

「おまえが仕事に打ち込めたのは誰のおかげだ」

　西郷の語気は激しくなった。

「おまえがそのように他人を思いやれない人間なら、松村くんとおまえの結婚に俺は賛成しなかった」

　妻の美紀子と結婚の挨拶のために、自宅を訪問した際に西郷に言われた言葉を有馬は思い出した。緊張するふたりに西郷はひとことだけ言った。

「ひとりの人間を思いやり、幸せにすることは、仕事よりも大事で覚悟のいることだ。そのことだけは忘れるな」

有馬は言葉を失った。

「今のおまえに一番大事なことは、奥さんのそばにいて、その支えになることだ。それがおまえにとって一番大事な仕事だ」

西郷の言葉は厳しかった上司時代そのままであった。そしてそれはずっと有馬が求めていたものだった。

「おまえに対する懲罰は、会社のためのものではない。奥さんのためのものだ。そして、おまえが為さねばならないことだ。それを成し遂げたとき、おまえは営業マンとして社会人としてひとつ大きな階段を上ることになる」

西郷の言葉の一つひとつが有馬の身体に響いた。それは痛みと、温かさを伴っていた。有馬はもう言葉が出なかった。ただ涙が溢れて止まらなかった。肩を震わせ、有馬はただ泣いた。その涙が自分の心を覆っていた黒い雲を払っていくようであった。

人望とは何か？
7

「具体と抽象」で価値を発見する

人望に必要なものは「価値観」だ、ということを前章でお話ししました。それでは「価値」とはなんでしょうか。

「価値」に対して厳しく判断できる人が人望のある人と定義しましたが、そのためには「価値」を定義しなくてはなりません。「価値」は「目標」ではありません。「目標」は「価値」を生み出すための目安です。もちろん「価値」は無数にあるものです。ですので、ここでひとつの定義に押し込めるのは難しいでしょう。

しかし、「価値」を定める条件がひとつあります。それは**「価値」とは双方向**であることです。個人だけに意味のあるものは「価値」ではありません。企業であれば、「顧客と製品」「経営者と従業員」「社会と会社」などが挙げられます。他人と共有できるものだけが「価値」と認められます。人望あるリーダーはそういう「価値」を発見し、部下に提示できる人です。

「価値」を発見する技術は「具体と抽象」です。日常のさまざまな具体的なできごとから、それらを統合し抽象化していく技術です。具体的なできごとはダイレクトにそのできごとに対する自分の評価と他人の評価を比べることができます。その評価が一致するものを集めていって、それを抽象化します。

例えば、「人にやさしく」という観念があります。言葉自体は簡単で意味もわかります。しかし、これを「価値」にするには、観念だけでは難しいでしょう。具体的にたくさんの「人にやさしくした」具体例があれば、その具体例の集合体が「人にやさしく」という「価値」に変換されます。

「価値」を発見すると表現したのは、**価値は観念によって「ありき」で定めるのではなく、そもそもあるものから発見したほうが「価値化」しやすいためです。**ですから、日々起こる具体的なできごとにリーダーは敏感でなければなりません。そして、その中から常に「価値化」できるものを探す必要があります。その感覚の鋭敏さが人望を生み出すのです。


「有馬が異動を受け入れてくれてよかったです」

永山がほっとした表情で西郷の席まで報告しに来たのは、それから数日後のことであった。

「課長での横滑りでしたし、彼の面子（メンツ）も保てました。ありがとうございます」

永山は、西郷に頭を下げた。

「有馬くんは営業部一筋だったから、このタイミングで他の部署を見ることはいいことだろう。総務部は会社全体を見ることができる。きっといい経験になる」

「奥さんも喜んでいらっしゃいました」

永山はうれしそうな笑顔を浮かべた。妻の美紀子からは、西郷にも感謝の連絡が来ていた。

「ふたりともまだ若い。これからも支え合っていけるだろう」

西郷は、美紀子の弾んだ声を思い出して頷いた。

「あとはセイチュー組ですね。課長は誰をお考えなんですか?」

有馬と浜野の問題は解決したが、もっとも大きな問題は、有馬の後任であった。セイチューはBEATECHにとって最重要クライアントだ。その担当課長となると責任は重い。

「課員の中からの昇格には、社長が反対されたと聞きました」

永山は心配そうに言った。妥当なのは、経験のある課員からの抜擢だが、社長の敏光は、かつてのセイチュー組の中からの昇格を嫌った。この際、新しい体制にしたいとの要望が西郷に降りてきたという話を永山は耳にしていた。

「その件なら、先ほど社長の了承を得た」

西郷は、こともなげに言った。永山は驚いた。

「決まったんですか?」

西郷は黙って首を縦に振った。

「誰ですか?」

クスッと西郷は笑った。そして永山のほうに指を向けた。永山は後ろを振り返ったが誰もいない。

「永山くんに内示を行う」

西郷は背筋を伸ばした。

「明日から、営業第一本部第一課課長として業務についてもらう。速(すみ)やかに引継ぎを行ってくれたまえ」

永山は思わずのけぞった。

「私ですか⁉」

「そうだ」

「無理です‼　私は営業経験ありませんし‼」

「それを言えば、有馬くんも総務経験はない」

「しかし……」

西郷は立ち上がり、永山の肩を摑(つか)んだ。

「君もそろそろ、管理畑ではなく、営業の前線も知ったほうがいい。それを勉強するにはセイチュー組は一番だ。それを社長も望んでいる」

営業部に自分の息のかかった者を置きたいという敏光の意向に沿い、なおかつ、セイチュー組という或る種聖域を任せられるのは誰か。今回の有馬の件を経験している永山ならば、うまくこなせるであろう。西郷は自分の目を信じていた。

しかし、その西郷の意図を覆すできごとが起こったのである。

1 部下の「感情のスイッチ」が入った瞬間を見逃さない。

2 仕事もプライベートも「区別」せずに考える。どちらが大事かという発想よりも、区別せずにそのことがらの重要性を考える。

3 日々起こる具体的なできごとに敏感になり、その中から常に「価値化」できるものを探す。

第3章

海江田本部長の反乱

秋も深まった頃、西郷は経営企画室長である大久保一人に呼び出された。

大久保は、西郷の一年後輩であり、親友といってもいい間柄の男である。大久保は入社すると経理部に配属され経理課長、経理部長とキャリアをすすめ、その後、社長室長となり現在の経営企画室長のポストについている。初代社長である島津彬光の時代にはさほど目立った存在ではなかったが、敏光が後継社長として就任してからは、めきめきと頭角を現し、今や敏光の懐刀（ふところがたな）的な存在にまでのしあがった。冷徹な性格で、社内での評判はあまり芳（かんば）しくない。しかし、その仕事ぶりは迅速かつ的確、そして実直で、実力は疑いの余地がない。

子会社に出向となっていた西郷を、本社人事部の部長として復帰させたのは大久保が敏光を説き伏せた結果であった。復帰後は、大久保らしく必要最低限しか西郷とは接触しなかったが、この日は珍しくふたりで会いたいとのことであった。

「単刀直入に言います。永山くんの営業第一本部第一課課長の就任を一時保留してください」

午後八時、誰もいなくなった経営企画室の会議室で向き合った大久保は、長身の身体を少しかがめながら西郷に言った。

「保留？」

「永山くんだけではありません。営業本部全体の人事は一時凍結していただきます」

「それでは、有馬くんも第一課の課長に戻すということか？」

「いえ。有馬くんの処遇は予定通り総務部で結構です」

「それでは第一課の課長は？」

「暫定的(ざんていてき)に、辺見係長についてもらいます」

大久保の口ぶりから何か問題が起こっていることを西郷は感じた。

「了解した」

西郷は答えた。あえて、突っ込むことはしない。必要があれば大久保の口から出る。

ふたりの独特な信頼関係での会話だ。

「海江田本部長に、ある疑惑が持ち上がっています」

西郷は表情を引き締めた。海江田俊樹は、西郷の後任で営業本部長に就任した男だ。中途入社で今年五十二歳。前職は、半導体メーカーで営業をしていた。社長の敏光の大学時代の同級生で、その縁からＢＥＡＴＥＣＨに転職してきた。社長の子飼いといっていい存在だ。

「競合のヨツバにうちのマーケティング戦略が漏れています。いくつかの大型マーケティングの計画が完全に模倣され、先手を打たれる事態が発生しています」

そのことなら、社内の噂で西郷も耳にしたことがあった。マーケティング部門はすべての計画をやり直すことになり、そのため十分な効果が上がらず、販売戦略の変更を余儀なくされ、営業部とマーケティング部の間で不協和音が生じているらしい。

「まさか情報漏洩(ろうえい)を行ったのが海江田さんだと？」

「その疑いがあります」

「まさか」

西郷は首を傾げた。海江田は敏光からの信頼も厚く、今、そんな危険な橋を渡る必要はない。

「私もまさかとは思います」

大久保は特徴的な切れ長の一重の目を細めた。

「しかし、海江田本部長がヨツバの人間と会っているのを目撃した人物がいるのです」

大久保は西郷の表情を窺(うかが)いながら言った。

「その人物からの報告で、海江田本部長に疑いがかけられています」

「誰だ？　その人物とは？」

西郷は尋ねた。ことは重大だ。見間違いや、海江田を恣意的に陥れるためのデマの可能性もある。しかし、次の大久保の言葉でその考えは打ち砕かれた。

「社長です。海江田本部長が会っていたのは、ヨッパの伊達副社長です」

驚く西郷の表情を見つめながら、大久保は言葉を続けた。

「社長からの指示です。西郷部長に海江田本部長の調査をお願いします。場合によっては海江田本部長の処分を行わなければいけないかもしれず、それまでは営業本部の人事異動は凍結します」

「こんなところに呼び出してどういうつもりですか？」

不機嫌そうな表情を浮かべて海江田が人事部の会議室に姿を現したのは、二日後の午前中であった。西郷は、大久保から依頼を受けたあと、ただちに海江田に連絡を取ったのだが、海江田はなかなか西郷と会おうとしなかった。二転三転ののちにようやくこの日、姿を現したのである。

西郷は桐野と共に海江田を迎え入れると頭を下げた。海江田は仏頂面のままどすんと椅子に腰を下ろした。太い眉にがっしりした大柄な身体、刈り上げた短い髪と、大きな眼鏡に日焼けした浅黒い肌。威圧感がある。

「桐野までいるのか？」

海江田はじろりと桐野を見た。桐野は人事部に異動する前までは営業本部にいたので、海江田は元上司となる。

「重要なお話で、お互いの齟齬（そご）があるといけませんので、書記役として同席させています」

「大仰（おおぎょう）だな」

海江田は鼻で笑って、挑戦的な目つきで西郷を見た。海江田にとって西郷は不倶戴天（ふぐたいてん）の敵と言ってもいい。海江田にとって前任者である西郷は営業本部においてはカリスマであった。部下は皆、西郷に心酔していたし、西郷の左遷に対して不満を抱いていた。西郷のあとに入った海江田は西郷を追い出した張本人と捉えられ、部下たちの反発を受けた。その苦労は今でも海江田の中ではしこりになっている。

「マーケティング戦略の漏洩問題についてはご認識がおありだと思いますが、今日、お伺いするのはその件です」

西郷の言葉を聞いた海江田のこめかみに、血管が浮かび上がった。

「もちろん知っているが、その件と私になんの関係があるんだ。マーケティング本部の問題だろう」

「もちろんマーケティング本部には別途調査を行っています。しかし、漏洩したマーケティング戦略及び企画は、実施のために営業本部と共有されたものばかりです。営業本部が無関係とは言い難いのです」

「ばかばかしい。なぜ営業本部がそんなことをしなければいけないのだ」

海江田は舌打ちをした。桐野は、海江田の態度に不快感を示していたが、西郷は平然としていた。そして、

「単刀直入にお尋ねします」

ずけりと切り出した。

「聞こう」

海江田はその西郷の言葉をまるで真剣で斬り返すように返した。ふたりの間にたちまち緊迫した空気が流れる。

「海江田本部長が情報漏洩をしたのでは、という声が社内であがっています」

「ほう」

海江田は動揺や驚きを見せず、にやりと笑った。

「おもしろい話だ」

「心当たりはありませんか？」

西郷はまったく表情を変えず海江田に尋ねる。海江田もまた、挑戦的な態度は変えず、

「心当たりがあるとすれば、営業本部に返り咲きたいどこかの人事部長が考えそうな卑劣なデマだな」

と答えた。

「海江田本部長！」

海江田の言葉に桐野が鋭く声を発した。その桐野のほうに海江田は目を向けると、声を出して笑った。

「こんな見え透いた罠があるか」

「ヨツバの伊達副社長とお会いになっていたことは事実ですか？」

西郷はスパッと切り札を切った。

「なんだと……」

さすがに海江田の表情に動揺が走った。

「海江田本部長が伊達副社長とお会いになったのを目撃された方がいらっしゃいます」

「それを証明できるのか」

海江田はすぐに冷静さを取り戻した。

「写真でも動画でも、私がヨッパの副社長と会っている確たる証拠があるならば見せてもらいたい」

「それはありません」

西郷は答えた。

「であれば、その話はまったく信頼のおけないデマか、もしくは悪意のある第三者の捏造だ」

「写真や動画はありませんが、目撃された方は十分に信頼のおける方です」

「誰だ？　その人物は？」

「情報提供者についてお話しすることはできません」

西郷の答えに海江田は唇を歪めた。

「話にならん。それに……」

海江田は唇を舐めて、一息ついた。

「仮に私がヨツバの副社長と会ったからといって、それを情報漏洩をしたことと結び付けるのはいかがなものか？」

「お会いになったことはお認めになるのですか？」

すかさず桐野は口を挟んだ。海江田はじろりと桐野を見ると、

「仮に、と言ったはずだ」

と突き放すように言った。桐野は、西郷を見た。西郷は、表情を緩めて笑みを浮かべて頭を下げた。

「よくわかりました。また何かあればご協力ください」

「いいか。情報漏洩の件で一番の被害を受けているのは私だ。ヨツバに先手を打たれたことで販売計画はボロボロだ。四半期の下方修正の責任を取らされる立場は私だ。私を疑う暇があればさっさと情報漏洩者を見つけてくれ」

「もちろんそのつもりです」

西郷は下げた頭をあげて海江田を見る。しばらくふたりは睨み合うように対峙（たいじ）したが、海江田が目線を外し、そのまま荒々しく会議室を出ていったことでその場は終わった。

「海江田さんで決まりですね」

海江田が会議室を出ていってすぐに桐野は西郷に言った。

「なぜそう思う?」

西郷は桐野に尋ねた。

「ヨツバの伊達副社長の名前を出した途端に、顔色を変えたじゃないですか。あれは間違いなく会っていますよ」

「その推察に対しては、私も同じ意見だ」

西郷は頷いた。

「しかし、ご本人も仰っていたが、それを情報漏洩に結び付けるのは早計だ」

「どういうことですか?」

「**アンコンシャスバイアスにかかってはいけない**。まずは海江田本部長と情報漏洩問題について事実ベースで考察し直す必要がある」

西郷はそう言うと、腕組みをして目を閉じて思考を巡らせはじめた。

人望とは何か？ 8

「アンコンシャスバイアスの罠」

ビジネスを行う上で陥りやすいものに、アンコンシャスバイアスがあります。

アンコンシャスバイアスとは、無意識の偏見と呼ばれるもので、それまでの経験や知識から、本人の自覚がないまま無意識のうちにものの捉え方が偏ったり、歪んだりすることを指します。ビジネスの経験が長い人ほど陥りやすいものですが、ビジネス以外でも、人に対する見方や感じ方に偏りが生じたりします。

そのこと自体は、致し方ないことであり、アンコンシャスバイアスが一切ない状態にあるのは生まれたての赤ん坊くらいです。誰にでも多かれ少なかれあるものがアンコンシャスバイアスです。

アンコンシャスバイアスが厄介なのは、無意識でしかも高速で思考決定してしまうことです。しかもその思考のもとになっているのは、それまでの自分の経験や知識なので、疑うことのない常識だと認識してしまうのです。

本来物事は、さまざまな要因で発生します。したがって、それらの情報（事実）をしっかりと把握して分析し、その上で思考を重ね、判断を下すことが必要なのですが、それをせずに判断を下してしまうことで手痛い失敗をしてしまった経験は読者の皆さんにも少なからずあるのではないでしょうか。「思い込み」というものです。

こうしたアンコンシャスバイアスが起こらないようにするためには、自分の思考を疑うというプロセスが必要です。**無意識のうちに高速で思考することを一旦ストップさせて、確認を行うのです。**この作業に必要なのは事実（情報）の正確さと量、そして整理です。

会議室で西郷は桐野に言った。

「情報の整理だ」

西郷は、会議室のホワイトボードに向かってマーカーを走らせた。

「**まずは環境だ。**海江田本部長にとって、現在の状況はあまりよくない。家電製品のマーケット全体は低迷しており、さらには我が社の場合、１カテゴリー１商品で、粗利率を上げるために価格を高く設定しているから価格競争力はない。海江田本部長自ら仰っていたが、この四半期は厳しい数字だ。したがって、営業本部長としてはその責任を追及される立場にある」

「もしかすると、こちらの内部資料を手土産にヨッバへの転職を考えたのでは……」

桐野が眉根を寄せて言った。その表情には海江田に対する嫌悪感が現れている。

「そう結論を急ぐな」

西郷は苦笑した。

「次に、海江田本部長の経験だ」

西郷はホワイトボードに**経験**と書き込んだ。

「営業本部長としての経験ということになれば、私の後任だから三年ちょっとということになる。その前は半導体メーカーの営業部長でいらっしゃったから、家電メーカーの経験という点では浅い。在任時の成績は、現在をのぞけば可もなく不可もなくというところだろう」

西郷はそこで言葉を切って、次に**知識**と書き込んだ。

「家電メーカーの営業の知識も経験と同じくこの三年でのものだ。しかも営業現場の経験も知識もお持ちではない」

「だからこそ、手土産を……」

桐野の言葉を西郷は手で制した。

「結論ありきで、思考をしてはいかん。積み重ねることだ。整理しきるまでは結論は出さないこと。何度も教えたな」

「はい……」

桐野は俯いた。西郷は、営業本部長の時代には、部下が思い込みを事実のように報告することをとにかく嫌った。結論に対する事実を厳しく追及されたものだ。

「**続いては人間関係だ。**海江田本部長のクライアントに対するコミュニケーションはどうだった？」

「そこは丁寧でした」

桐野は当時の記憶を呼び起こしながら答えた。

「定期的にクライアントを訪問されていましたし、発売イベントや重要な会合にはもれなく出席されていました。西郷部長ほどではなかったですが、クライアント関係からの評判は悪くなかったと思います」

「なるほど」

西郷は頷いた。

「それでは社内のコミュニケーションはどうだ？」

「それは問題がありましたね。ああいう方ですから、部下や社内のスタッフには高圧的でしたので、海江田本部長を嫌っている人は多かったです」

「仕事に支障があったことは？」

西郷の質問に桐野は少し考え込んだ。

「交渉事や、数字の詰めなどでいざこざはありましたが、仕事そのものに関しては、西郷本部長時代の進め方をまったくと言っていいほど変えずに進められていましたから、感情的な部分はさておき、仕事の仕方で戸惑ったり、反発があったりということはなかったかもしれません」

　桐野は冷静に当時の記憶を呼び戻そうとしていた。

「おそらく今もそれは変わっていないと思います」

「それは重要な事実だ」

　西郷は満足そうに言った。

「部下とのコミュニケーションはどういう形でとっている？」

「基本、会議ですね。個別に指示をすることもありますが、所属長を飛び越えることはありません」

「特定の部下との関係は？」

「そういうものはないと思います。皆も距離を置いていますし、御本人も距離を置かれていると思います」

　桐野は答えた。

「組織のコミュニケーションはフラットに行われているということだな」

　西郷は続いて、**独自の事情**と書き込んだ。

「海江田本部長の我が社における独自の事情は、なんといっても社長とのつながりだ。社長の信頼は特別なものだろう」

　西郷はホワイトボードを見つめながら言った。

「海江田本部長にとって、他社に会社の重要な情報を流すことは社長に対する最大の背信だ。もし海江田本部長がそのような行為に出るとしたならば社長との関係に大きな変化が起こっているはずだ」

「そういえば……」

　西郷の言葉に桐野は反応した。

「営業企画部の由良部長はご存じですか？」

「三ヶ月ほど前に転職してこられた方だな。確か、社長の親戚だと聞いている」

　由良は、敏光の甥で外資系のファンド運営会社から転職してきた。三十五歳とまだ若いが、敏光はその能力を高く買っていて、営業企画部の部長に抜擢していた。

「由良部長と海江田本部長が対立していたという話があります」

「どういうことだ？」

「海江田本部長の販売戦略の甘さを社長に進言したそうで、自分の頭ごしに社長にあげられたことで海江田本部長が立腹されて、口論になったと聞きました」

「それは由良部長が悪いな」

桐野は苦笑した。

「由良部長も海江田本部長も営業本部全体から見れば社長派で、敵ですから、皆、おもしろがって仲裁に入らなかったそうです」

「派閥争いなど愚にもつかん」

西郷は悲しそうな表情を浮かべた。

「本来であればこういうことはやるべきではないが、判断を誤れば海江田本部長ご自身の将来にも大きな影響が出る。慎重にやらねばならん」

桐野は海江田に対していい印象はない。むしろ失脚して、その結果、西郷が再び営業本部長の地位に戻ればいいと考えている。それだけに西郷が海江田に対して配慮を行うのが不服でもあった。しかし、西郷はそんな桐野に構わず言葉を続けた。

「営業部で秘密裡に動いてくれそうな人間に頼んで、海江田本部長が社長とどの程度コミュニケーションを取っているか、由良部長が社長とどれくらい接触しているかを、なるべく詳しく調べてくれ。期間は二週間ほどでいい」

「わかりました」

桐野は答えた。

「海江田本部長の秘書の伊集院さんにお願いしましょう」

伊集院は、西郷の時代も秘書をつとめていた。

信頼のおける人間だ。

「いい人選だ。頼む」

西郷はそう言うと、あとは黙ってホワイトボードに視線を向けて腕組みをした。

人望とは何か？ 9

「五つの観点」から情報を得よ

簡単に情報といっても、同じ方向の情報ばかり収集しては、判断を間違えることになります。

例えば、ある人物を分析しようとして、その人の人間関係の情報だけをかき集めて分析してもその分析は偏ったものになるでしょう。そこで情報の収集に観点を設けて、その観点にそって情報を集める習慣をつけると効率的です。

私は「五つの観点」というものを用いています。①**環境**、②**経験**、③**知識**、④**人間関係**、⑤**独自の事情**の五つです。これは人だけではなく、企業分析や事象分析にも使えますが、ここは人にしぼって解説したいと思います。

まず、その人のその時点の「環境」について情報を収集します。ここでいう情報は客観的な事実を指します。客観的な事実とは数字のように主観が挟まることのないものです。環境においては主に数字で表せるものがベストです。年齢や、年数、成績といった個人的な数字から、所属組織の数値データや、市場データに至るまで広範囲にわたります。

続いて、二番目の「経験」は、その人の経歴にあたります。「知識」は、経歴に紐づくものです。資格のようなものもあれば、その人の経験から生み出したノウハウのようなものも含まれます。その人の「人間関係」も重要な情報です。家族のようなプライベートなものもあれば、仕事関係の公的なものもあります。人間関係の情報は主観が入りがちなので、注意が必要です。できるかぎり主観を排除するためには、家族構成や組織構成のようなフラットな情報が望ましいといえます。もしくはその人間関係の間で起こったできごとのようなものが必要です。「あのひとは嫌いだ」というような主観の情報は、優先度を低くしておくことが必要です。

最後の「独自の事情」は、環境・経験・知識・人間関係の中で重要度の高いものです。他の人が知り得ないような希少性の高いものも含まれます。この情報を摑むには、その人の信頼が一定以上なければ難しいでしょう。

ちなみにこれらの情報の多くは普段の会話で手に入れることができます。例えば営業トークといえばイメージしやすいと思いますが、「今日はいい天気ですね。ゴルフ日和ですねー」なんて会話は「環境」から入っているわけです。天気という環境の共通点から入って、続いて「人事異動の季節ですね」などと続けると、環境から人間関係に会話を移動させているわけです。

ポイントは、五つの観点を網羅する意識をもって会話できるかどうかです。1on1で部下の心を開かせようとするあまり、終始、趣味の話だけで終わってしまうようなことだと、いくら話をしても相手を理解することにはなりません。**相手を理解するには、五つの観点をバランスよく交えて「情報を得る」意識が必要です。そのためには、自分の情報も相手に渡すことが重要です。**会話とは相手と自分の共感ポイントの確認と情報の交換です。会話上手と呼ばれる人には、この五つの観点が実にきれいに展開されていると思います。

この五つの観点を重要視し、戦略的な決定を下したのが、戦国の覇者織田信長です。信長は、その苛烈なイメージから武力で敵を殲滅し続けたように思われていますが、実際には外交を極めて重要視した武将です。

信長は、重要な意思決定を下す前には、徹底的に相手を観察しました。ここでは信長の武田信玄への外交について見ていきましょう。まず「環境」ですが、尾張を統一した当時、信長の最大の敵は美濃国の斎藤家でした。そしてその斎藤、織田の東側に位置していたのが武田家です。もし信玄が斎藤家と同盟を組めば両者から攻めこまれてしまうので、信玄の動向は信長の最重要課題でありました。そこで信長は信玄の行動からその意向を読み取ります。

信玄は、信長が桶狭間の戦いで総大将である今川義元を討ち取った、今川家の領土を狙っていました。海に面した駿河国を本拠地とする今川領を支配することは、山国である甲斐国を本拠地とする武田家にとっては、経済面、軍事面にこの上ない環境面のプラスをもたらします。信玄は信長と同盟を結んでいる松平元康（徳川家康）に密かに連携を求めるなど、今川攻略に向けてのきな臭い動きを始めます。信玄が今川家を攻めるのであれば、信玄にとっては西に位置する織田の脅威は取り除きたいはずだと信長は考えました。

さらに信長は信玄の持つ「経験」「知識」を考えた場合、絶対に敵に回してはいけないと判断します。信玄の外交能力、軍事能力は当時の信長をはるかに上回っていました。信長には冷静に自分と相手の力の差を分析する凄みがあります。

そこで信長は信玄に対して使者を送り、贈り物などをして、信玄の様子を探り始めます。コミュニケーションを実際にとることで相手の様子を窺ったのです。これは「人間関係」の観察にあたります。信長からの交流に対して信玄は好意的な反応を見せました。ここで信長は信玄との同盟の機会を本格的に狙います。

その機会を決定づけたのが信玄の「独自の事情」でした。桶狭間の戦いの前、信玄は北条氏康、今川義元と甲相駿三国同盟を結んでいました。このことが信玄の今川侵攻の決定に複雑な事情をもたらしていたのです。三国同盟に加え、信玄の嫡男義信の妻は義元の娘で、義信は父、信玄の今川攻めに反対していました。今川侵攻について信玄と義信は激しく対立します。結果的に信玄は義信を廃嫡し、その命を奪います。信長はこの内紛の事情を摑み、自分の養女を義信の腹違いの弟である勝頼に嫁がせる提案をします。信玄としては嫡男を殺してまで決定した今川侵攻は絶対に失敗できません。信玄は喜んで信長の提案を受け入れ同盟を結びます。最終的にこの同盟は信長の勢力拡大に危機感を抱いた信玄によって破棄されるわけですが、信長にとって美濃攻略の最大の利点となり、見事に美濃の奪取に成功することになるのです。

　信長は信玄対策だけではなく、常に五つの観点から敵や味方を観察し、その上で迅速な意思決定を行っていました。この信長の観察眼は信長後の天下を引き継いでいく豊臣秀吉や徳川家康に受け継がれていきます。


　それから数日後、西郷は改めて海江田と面談をした。会議室に入ってきた海江田は、先日とは打って変わって顔色が悪く、元気がなかった。西郷はあえて桐野を同席させず、海江田とふたりきりで話すことにしていた。

「海江田本部長。今日ここでお話しすることは、私と本部長だけの話です。他には一切口外することはありません」

　海江田は椅子を引き、力なく座った。

「社長は私を更迭（こうてつ）して、由良くんを本部長に昇格させるつもりらしいな」

「まだ最終決定はされていません。たとえ社長の意向でも、現時点では内定でもなく内示もありません」

「社長の意向でも……か。西郷さんらしい」

海江田は力なく笑った。

「私は社長にお声をかけていただいてこの会社に来た。その社長が、私を必要ないとおっしゃれば私はこの会社を去るだけだ」

「それでヨツバに移籍を考えた、というわけではないでしょう」

西郷はずけりと言った。海江田は西郷の言葉にも表情を変えなかった。

「私は三年前、子会社に出向となりました。そのあとを海江田本部長に継いでいただきました。あの頃、市場環境は今ほどではないにしてもよくはありませんでした。私としてはその点が気がかりでした。会社のポストは永遠ではありません。望むと望まざるとにかかわらず循環していくものです。しかし、それが会社の業績に与える影響を危惧しました。ですが海江田本部長は見事に業績を支えられた。きっかけは社長であれ、海江田本部長は我が社にとって重要な人材です」

西郷は海江田に真正面からぶつかった。大事な局面では真正面から相手とぶつかる、西郷の人に対する信念であった。

「私は君のやり方を踏襲しただけだ。この三年間、私は君の役割を演じていたのにすぎん」

「それを選択したのは海江田本部長自身ではないのですか?」

「そうだ」

海江田はわずかに顔をしかめた。

「私にはメーカー営業の経験も知識もない。そのギャップを埋めるには君のやり方を遵守(じゅんしゅ)するしかない。組織の混乱を最小限に抑え、私自身の経験と知識を増やす。苦肉の策だ」

海江田は太い指でデスクをトントンと叩いた。

乾いた音が会議室に響く。

「しかし社長はそれが気に入らなかった。君のやり方を徹底的に否定し、まったく新しい営業体制をつくることを望んでいた。いつしか私は社長にとって君と同様の存在になっていたようだ」

「社長の望みを叶える人物が由良部長ということでしょうか?」

「そうではないかな。少なくとも彼には経験と知識が私よりある」

海江田の表情は達観したかのようだ。

「本当にそうでしょうか?」

西郷は両手をあげ、手のひらを重ねた。

「どういう意味だ」

「海江田本部長の後任に推されているのは、由良部長ではありません」

「なんだと?」

海江田は驚いた声をあげた。

「後任には、新納さんを推されています」

新納は、現在管理部門の統括をしているが、もともとは営業本部で西郷の前に本部長をしていた古参社員だ。

「新納さん……」

「社長は、単に私が憎いだけで、非合理な判断をされることはありません。仮に社長がそういう判断をされても、経営企画室の大久保くんをはじめ幹部がそれを許さないでしょう。問題は、海江田本部長にかけられた疑いについてきちんと説明されることです」

「疑い……」

「ヨツバの副社長とお会いになった件です。お伝えしませんでしたが、おふたりがお会いになっていることを目撃されたのは社長です」

「社長が……」

海江田はかすれた声を出した。

「前回、お話しさせていただいたとき、お話しすべきでしたが、あのときは私自身が問題の全体像を捉えきれていなかったのであえて伏せさせていただきました。申し訳ありません」

西郷は頭を下げた。海江田は大きな溜息をついた。

「今さらだが、私がヨツバの伊達副社長とお会いしたのは軽率だった」

「理由をお聞きしてもいいですか？」

海江田は苦しい表情を浮かべた。

「海江田本部長がご自身の保身のためにヨツバの伊達副社長にお会いになるとは思えません。会社のためにもお話しいただけませんか？」

「情報漏洩の件だ……。あるときを境に我々の大型販促イベントの機先を制する形で、ヨツバに先手の販促イベントを打たれるようになっていた。私はそのことで疑惑を持った」

「由良部長ですね」

海江田は黙って目を伏せた。

「ある日を境にとは、由良部長との間に決定的な行き違いが生じたときではありませんか？」

海江田は答えなかったが、その表情が西郷の読みの正しさを伝えていた。

「ここのところ、由良部長は頻繁に社長と打ち合わせを重ねていらっしゃる。逆に海江田本部長は会議を除いて社長と会われることはなくなっています。その傾向は昨年の秋頃から顕著になっていますね」

「調べたのか？」

「本意ではありませんが。会社にとって重要な判断になると思いましたので」

海江田はしばらく西郷を見つめていたが、重い口を開いた。

「君の想像通り、私はマーケティング戦略の漏洩について由良部長を疑った。営業企画部は、販売計画について営業本部のサポートを行う部署だ。由良部長の発言は、サポートではなく明らかに命令に近いものだった。それもかなり強引なものだった。

私は社長に対して由良部長の問題点を報告した。気持ちはわかる。私も中途入社ですぐに営業本部長という大役を任された。それは大きなプレッシャーだ。部下に対しても、自分の力を見せなければマネジメントすらままならない。しかしＢＥＡＴＥＣＨは創業メンバーがまだたくさんいる。急激な変化はかえってチームのパフォーマンスを落とす。私は自分の経験をもとに社長に進言した。

それから、社長は私を避けるようになり、由良部長の私に対する敵対的な言動は激しくなった。それが昨年秋あたりのことだ」

「つまり、由良部長は海江田本部長を追い落とすためにヨツバに情報を流したのではないかと思われたのですね」

「その通りだ」

海江田は頷いた。

「そういう疑念がいかに組織に禍根を残すか。今思えば浅はかな行為だ」

「それで伊達副社長に直接……」

「そうだ。以前、業界の会合でお会いしたことがあり、伊達さんならある程度の情報が摑めると思った」

「それで伊達副社長はなんと？」

海江田は顔を歪めた。

「はっきりとは言わなかったが、明確な否定もしなかった。ただ……」

「ただ？」

「ヨツバに移籍するつもりはないかと尋ねられた」

「移籍……」

海江田は大きく溜息をつき肩を落とした。

「私は疲れていた……思わずそれもなくはない……そう答えてしまった」

「それで伊達副社長と会ったことを素直にお認めにならなかったのですね」

西郷は海江田に優しく声をかけた。

「もし……伊達さんに裏を取られたら、私が移籍を希望したと言われるかもしれない。それは社長への背信行為だ。それだけは避けたかった……」

海江田には海江田の想いがあった。そのことに西郷は胸を打たれた。

そこからふたりはしばらく沈黙をした。ただ時間だけが会議室の中で流れた。沈黙を破ったのは西郷であった。

「現在のところ、由良部長が情報漏洩したという確たる証拠はどこにもありません」

「そうだな」

海江田は同意した。

「私は疑われたまま処分を受けるのは潔しとしない。このまま退社を選ぶつもりだ」

海江田は、重たい荷物を投げ出すような表情で言った。西郷と向き合うことにより、自分の考えを整理したようであった。しかし、西郷はその海江田の言葉に首を振った。

「海江田本部長の疑惑に対する明確な証拠が出てこない限り、降格などの処分はありえません。そのようなことがまかり通ることは会社組織の秩序を破壊します。くれぐれも軽はずみな判断はお慎みください。これは人事部長としてのお願いです」

西郷は海江田に異論を挟ませない、強い口調で言った。海江田はほんの少し間を置いてから頷いた。

「君に任せる」

「ありがとうございます」

西郷は頭を下げた。海江田は立ち上がり、会議室を出ていこうとしてからふと足を止めた。

「そういえば……妙なことを伊達さんに聞かれた」

「妙なこと？」

「君の動向についてだ」

「私の？」

「君が本社に人事部長として戻ってこられていることを伊達さんはご存じだった。その上で君の今後の動向について知りたがっておられた。例えば……君が退社をする可能性があるかどうか」


「なるほど」

大久保はいつもと変わらぬ冷静な様子で西郷の報告を聞いた。

「情報漏洩の可能性は、海江田本部長より由良部長のほうが高いということですね」

「ただその証拠もない」

「社長は海江田本部長の線を今も疑っておいでです。証拠がないのでは納得されないのでは」

「それを突き詰めれば由良部長も調べなければならないし、下手をすると海江田・由良のふたりの腹心を失うことになると説得してくれ。社長は、感情だけで判断はされまい」

「たしかに」

大久保は呟いた。実際のところ敏光は、海江田と由良の対立に頭を痛めている。今は、社長である敏光に対する社員の不満は表面化していないが、下手をすると火を吹く可能性はある。退職者の増加がそれを物語っている。

社長派の筆頭である海江田・由良が機能することができれば、それに越したことはない。

「ただ何もしないわけにはいきません」

大久保は西郷に言った。敏光はプライドが高い。自身の考えが何も生み出さないということではおさまりがつかないだろう。西郷は大久保の言葉に一呼吸おいた。そして、ゆっくりと立ち上がった。

「情報漏洩の件も、そのまま放置するわけにもいかないだろう。海江田さんは営業企画部長に、新納さんを営業本部長に、そして由良さんは本部長代理で新納さんの代わりに管理本部をまとめてもらうのは」

「名案だと思います」

大久保は目の前に開いていたノートに西郷の案を書き留めた。西郷らしい案であった。

西郷はおそらく由良を怪しいと踏んでいる。しかし由良を追及することは敏光を刺激し、社内の混乱は一段と激しさを増すだろう。それよりも漏洩の再発防止に重きを置いた。由良を昇格含みで営業から外すことで漏洩の再発を防ぎ、由良自身の立場も守る。海江田を営業から外さずに新納とタッグを組ますことで、今までの西郷路線を継続し、新納を推すことで敏光の顔を立てる。決して理想論だけではないリアリストとしての西郷の一面だ。

「ただこの案はあくまでも君の案として出してくれ」

「わかりました」

大久保は頷いた。この案は敏光にとってはのみやすい案だが、西郷の口から出たとあれば意固地になって却下するおそれがある。あくまでも大久保の腹案として示したほうが受け入れる可能性は高い。このあたりは西郷と大久保の阿吽（あうん）の呼吸である。

「それにしても気になることがある」

西郷は話題を変えた。

「なんでしょう？」

「ヨツバの伊達副社長が海江田本部長と会ったことだ。ふたりは面識があるといっても親しい間柄ではない。私も伊達さんはよく存じ上げているが、なんの目的もなく無闇に人に会うタイプではない。ましてや海江田さんに移籍を誘うというような軽はずみなことはしない。明らかにこちらの内情を知るためにあえて海江田さんに餌を撒いたとしか思えん。ヨツバとウチの間に情報漏洩以外に何か……」

「さぁ。私は伊達副社長を存じ上げないので、なんとも」

大久保は首を振った。しかし、西郷はその大久保の表情にわずかな変化があるのを嗅ぎ取った。

「いいだろう。これ以上は詮索するのはやめておこう。ここからは君の仕事だ」

西郷はその言葉を残して大久保に背を向けた。

人望とは何か？ 10

「器とは視座である」

組織のリーダーは、常にさまざまな情報に晒(さら)されます。それはときとして、単純な善悪論だけでは済まないこともあります。

人望のあるリーダーは、言葉を変えると「器(うつわ)の大きい人」ともいえます。**ここでいう「器」とは「視座」を指します。**善悪はものごとの判断のひとつの尺度ではありますが、ある側面では善であってもある側面からは悪であるというような矛盾が生じる場合があります。

例えば、会社の重要な会合と、子供の誕生日が重なるといったとき、組織という側面から見れば、会社の会合を優先するのは善でしょう。しかし、家族という側面で見ればそれは悪です。

このような対立や矛盾は至るところにあります。顧客と会社、社会と個人、上司と部下など、器の大きな人とは、これらを高い視座から俯瞰し、その対立や矛盾を小さくすることができる人です。

ポイントは、対立や矛盾は解消できないことがあるということです。解消できればそれが一番ですが、解消するよりも対立や矛盾を小さくする努力をすることが大切なのです。

白黒をはっきりさせることは心理的には気持ちがいいことです。いわゆる正論というやつですね。しかし、正論は聞いている分には爽快ですが、多くの場合、空論です。実際に実行できるかというと難しい。国会で野党ができもしない政策を声高に叫んでいるのが最たるものです。

対立や矛盾を小さくするというのは、得てしてグレーですっきりしないものです。だからこそ、それを「誰が」行うかが重要になるわけです。すっきりしない部分を「誰が」というところで補うわけです。

かつて明治維新の立役者、勝海舟のお膳立てで西郷隆盛に会った坂本龍馬が西郷を評した言葉に、

「西郷という男はよくわからぬ男だ。小さく叩けば小さく響き、大きく叩けば大きく響く」

というものがあります。西郷隆盛は自分の考えに固執することなく、相手の意見を聞き、その中でその都度判断をする人物です。一見すると、思想や信条がないように見えます。西郷の盟友であった坂本龍馬にも同じことがいえました。龍馬は、尊王から開国、倒幕から大政奉還とコロコロと立場を変えます。しかし、それは尊王や倒幕という視座の位置の人から見ればという話であって、龍馬の視座は「日本を良くする」という位置でしたから、龍馬にとっては立場が変わっているわけではなく一貫しているのです。

西郷隆盛も全盛期は「薩摩」の利益を追求しながらも常に「日本」に視座を置いていました。だからこそ、徳川慶喜(よしのぶ)の首を求め、江戸城総攻撃を主張する官軍を抑え込み「江戸城の無血開城」を成し遂げたのだといえます。

その「視座」と同じく重要なものが、「視座」と対になる「価値観」です。単純に

視座だけではなく、その視座から見た景色がどんなものであるかが明確に描けている必要があります。**視座やそこから見た景色は、簡単に共有できるものではありません。だからこそ、人はそれを「見ることのできる」リーダーを求めるのです。**

最近はそういったリーダーは少なくなっているような気がします。皆、細かいマネジメントですべて白黒をつけて、目の前の目標だけを追い続けて、常に部下と同じ視座で考えるリーダーが多いのではないでしょうか。視座を下げることがだめなことではありません。指導において視座を下げる、目線を合わすということは技術のひとつです。しかし同時に高い視座で常に見続け、そこから見える景色の中で判断をすることこそが「人望のあるリーダー」の姿なのです。

リーダーとは何か？ 3

1. アンコンシャスバイアス（無意識の偏見）の罠から逃れるために、いったん立ち止まって自分の思考を疑う。

2. ①環境、②経験、③知識、④人間関係、⑤独自の事情の「五つの観点」をバランスよく交えて情報を得る。

3. 高い視座から俯瞰し、組織の対立や矛盾を小さくするよう努める。

第4章

小松取締役の苦悩

年末の声が聞こえてきた金曜日の朝であった。

その日、ＢＥＡＴＥＣＨに激震が走った。

「部長！　これは一体どういうことです！」

桐野が顔を真っ赤にして西郷の席にやってきた。右手には新聞が握られている。

「うちとヨツバが合併というのは！」

桐野は新聞の経済面を西郷に差し出した。

「私も今朝、知った」

西郷は短く答えた。その眉間（みけん）には深い皺（しわ）が刻まれていた。

「部長もご存じなかったんですか⁉」

桐野は信じられないと小さく呟いた。

「私も君たちと同じく記事で初めて知った」

「本当のことなんですか？」

桐野の背後にいる部員の視線が西郷に向けられた。部員の顔には皆、不安の色が浮かんでいる。

「少なくとも確定事項ではない。確定ならば私にも話があるはずだ」

西郷は答えた。

「ヨッバと合併なんて、実質的には吸収合併ではありませんか！　絶対ありえないです」

桐野は興奮した口調で言った。総合家電メーカーのヨッバは企業規模ではＢＥＡＴＥＣＨの三倍を超えている。製品ごとの戦いではしのぎを削るライバルではあるが、企業規模という点では比べられるものではない。桐野の言う通り、合併といっても実質的には吸収というのは間違いない見立てであろう。

「慌てるな」

西郷は興奮する桐野を抑えた。

「正式な話かどうかは私が確かめる。それまでは落ち着いて業務に当たるように」

西郷は桐野だけではなく、背後の部員全員に聞こえるように声を張った。そのとき、卓上の電話が鳴った。西郷は受話器を取った。

「西郷部長。小松取締役がお呼びです」

電話口から取締役の小松の秘書の声がした。

「わかりました。すぐにお伺いします」

西郷はそう答えて受話器を置いた。

小松立矢は財務本部長を兼ねる取締役だ。まだ四十歳と若い。西郷と共に創業者である彬光の薫陶を受けたひとりであり、財務畑一筋でキャリアを重ねてきた。温厚な性格で、現社長である敏光ともうまく関係を築いている。

彬光は将来はこの小松と西郷を二枚看板として、会社を背負わせようと考えていたようで、このふたりの育成にはひときわ力を入れてきた。カリスマ性の高い西郷と、コミュニケーション能力の高い小松の組み合わせは理想的であった。西郷の本社復帰には、大久保とともに小松も一役買っていた。BEATECHの財務はすべて小松に任されている。

「西郷さん。お忙しいところすみません」

西郷が役員室に入ると小松が席を立って出迎えた。小柄だが、細身の三つ揃えの濃紺のスーツを着こなし、短い髪をきれいに整えている。大きな瞳とつやのある顔色が、年齢よりもずいぶん若く見せている。

「ヨツバの件ですね」

「その通りです」

小松は、西郷に応接のソファを勧めながら答えた。

「本来であれば西郷さんのお耳に入れておくべきでしたが、箝口令が敷かれていたので申し訳ありません」

　小松は頭を下げた。

「ということはあの記事は本当だったということですか？」

　西郷の口調にほんの少し鋭さが混じった。小松は苦しい表情を浮かべた。

「いえ。決定したわけではありません。交渉中であることは事実です。決定前に記事が出てしまったのです」

「リークですか」

　西郷は腕組みをした。

「そうです」

　小松は頷いた。

「残念ながら、どこから漏れたかはわかりません」

「合併話の経緯を教えていただけますでしょうか？」

　小松は、西郷の前に分厚い資料を置いた。西郷はそれを手に取る。資料には「ヨツバ・BEATECH合併のご提案」とあり、そのタイトルの右下に才谷ファンドとある。

「才谷……」

「西郷さんも昔一度お会いしていただいたことのある才谷龍一さんの会社です」

才谷龍一は、世間で常に話題をふりまいている稀代の投資家である。海外の投資家からの信頼が厚く巨額の資金を集め、いわゆる敵対的買収をしかける人物として有名だ。彬光と親交があり、小松と共に酒席を共にしたことがある。

とにかく明るく奔放な人物であったことが記憶にある。

「なぜ才谷さんが」

「半年ほど前に才谷ファンドがヨツバの株式を大量取得したことを覚えているでしょう」

才谷がヨツバの株を大量取得し、瞬く間に筆頭株主になり、ヨツバ経営陣に対して経営改善要求を突き付けたことは記憶に新しい。激しい交渉の末、才谷の改善案のいくつかが取り入れられたという報道が為されたが、実際は、ヨツバの激しい抵抗に才谷が妥協したと関係者の間では囁かれていた。

「才谷さんは、ヨツバの経営改善のためには、合併という劇薬もやむなしと考えたようです」

小松は資料に目を落とす西郷に向けて言った。

「ヨツバの弱点はプロダクトデザインと、営業力です」

家電メーカーの老舗（しにせ）であるヨツバは、その生産能力と安定した技術力、そして総合家電メーカーとしての豊富なラインナップという強みもある一方、どちらかというと、保守的で古臭いイメージがある。そして営業も穏やかで殿様商売と評されることも多く、激化する営業現場では弱さが目立つ。この点は、人事の刷新（さっしん）を軸に才谷がヨツバ経営陣に要求し続けたことだ。

「そこで、我々が目をつけられたということですか」

西郷は資料から目を離さず言った。

「確かに我々を飲み込めば、ヨツバの株価は一気に上がるでしょう。しかし、我々のメリットはありません」

西郷は断じた。才谷の視点はヨツバ側からの視点であって、ＢＥＡＴＥＣＨ側からの視点はない。

「そういうわけでもないのです」

小松は困った表情を浮かべた。

「社長は乗り気でして……」

「どういうことでしょう？」

小松は、西郷の手元から資料を取り、そして最後のほうのページを開いて、西郷に見せた。

「才谷さんからの人事案です」

「会長に島津敏光……社長に毛利敬斗……」

「代表権はありませんが、新会社の会長になる人事案に社長は興味を示しています」

「実権はないですよ」

西郷は首を傾げた。たしかに会長ではあるが、社長、副社長、専務は、ヨツバの人間が占めている。代表権のない会長職はお飾りである。

「それでいいのです」

小松は答えた。そして小さく溜息をついた。

「社長の頭の中は、いかに彬光社長を超えるかだけです。ヨツバとうちが合併すれば、国内最大の家電メーカーとなるでしょう。その会長になるということは、彬光社長を超えることなのです」

小松の言葉に西郷は黙って目を閉じた。

「西郷さんにはご納得いただけないでしょうが……」

小松は申し訳なさそうに言った。彬光がもし存命であれば考えられないような発想である。彬光の最大の教え子である西郷がそのような考えを納得するはずがない。小松がここまで西郷にこの件を伏せていた理由であった。

「状況はわかりました。それで、この話はもう決定事項として進んでいるのですか？」

西郷は目を開いた。特にその感情はわからない。西郷が時折見せる、完全に感情を消し、相手の出方を探るときの無表情さだ。

「まだ決定事項ではありません。実は……先程才谷さんから連絡がありました。ヨツバの伊達副社長と才谷さんが、西郷さんにお会いしたいと」

「私に？」

西郷は静かに問い返した。

「はい。才谷さんによると、最終決定は西郷さん次第だと」

人望とは何か？

11

「スローガン」で存在価値を示す

「人望」に必要なことは、「価値観」を示すことであるという話は第1章でしましたが、「人望」にはもうひとつ重要なポイントがあります。それは「スローガン」です。「スローガン」により、社会に対して自組織の存在価値を示すことができます。わかりやすいのは、プロ野球チームの「スローガン」です。私は、千葉ロッテマリーンズのファンですが、二〇二三年、新たに吉井理人（まさと）さんを監督に迎えたマリーンズは「今日をチャンスに変える。」というスローガンを掲げました。これはマリーンズというチームが今年一年間、どういう戦い方をするかという主張です。日々の試合には勝利もあれば敗北もありますが、それをすべて未来へのチャンスへと変えるという意味だと思われます。つまり、チャンスと受け取れないような無気力なプレーやあきらめたプレーをファンに見せることはできないということの宣言です。引退後、筑波大学大学院でコーチング理論を学んだ吉井監督らしい素晴らしいスローガンだと思います。

スローガンは「行動」に結びつくことが条件となります。**社会や世界に対して組織の行動を明確なメッセージにすることで、その行動の正当性と、その組織が考える価値観をより具体的にして、そこに惹かれる人材を吸収していく効果があります。**

このスローガンで一気に組織拡大を図った人物がいます。その人物は織田信長です。信長は、美濃攻略後、「天下布武（てんかふぶ）」という印章を使いはじめます。これは流浪していた足利義昭に呼応して、上洛し、室町幕府のために武力をもって畿内を平定するという意思を示すものです。当時、尾張と美濃を領する新進気鋭の大名であった信長といえども、武田信玄や上杉謙信などの実力大名を押しのけての行動指針の表明はインパクトがあったでしょう。

信長のもとには、野心を持つ有能な人材が集まりました。木下藤吉郎、明智光秀、滝川一益（かずます）、荒木村重らが信長のスローガンのもとに集（つど）います。シンプルでわかりやすいスローガンにより、そのスローガンにふさわしい人材が引きつけられるのです。その点において信長はまさに「人望」のある人物であったといえます。

現代は、戦国時代と同じで環境の変化が目まぐるしく、先行きが不透明な時代です。それゆえに、リーダーに必要なのは、目指すべき目標への行動指針・スローガンなのです。

そして、そのスローガンは、社会に対するメッセージである必要があります。個人や自組織の利益追求のためのものではいけないのです。

街はクリスマスシーズンに入っていた。まばゆいネオンの中、人々が行き交う。家電メーカーにとっては年末商戦の重要な時期でもある。西郷は小松と共に都内のホテルのラウンジにいた。

「久しぶり」

西郷の前に座っている大柄な長髪の男が満面の笑みを浮かべている。胸元が大きくはだけたブルーのシャツに無精ひげ。ビジネスマンというより、その辺の無頼の若者のような出で立ちだ。

「才谷さん。お久しぶりです」

西郷は頭を下げた。

「西郷さん。そんな他人行儀な挨拶はよそう」

才谷ファンドの総帥である才谷龍一は大げさに手を振ってみせた。

「こちらはヨツバの伊達副社長です」

才谷は隣に座っている、これまた長身の男を西郷に紹介した。細身の淡いブルーのスーツを身に纏(まと)い、黒縁の眼鏡、細面の秀麗な顔立ち、歳の頃は四十代後半であろう。

「伊達です。はじめまして」

伊達は立ち上がり、名刺を差し出した。西郷も立ち上がり名刺を交換する。名刺には、株式会社ヨツバ副社長取締役伊達小五郎と記されている。

「西郷です」

西郷は深く頭を下げた。

「西郷さん。今日はあんたにヨツバとBEATECHの合併が、いかに意味あることかを説明に来たんだ」

才谷はぞんざいな口調で言った。不思議な男で親近感を抱くことはあっても不快に感じることはない。

「私などにお話しいただかなくても、会社が決めたことなら従わざるをえませんよ」

西郷は素っ気なく答えた。相手のペースにはのらないという西郷のガードのかたさが感じ取られた。

「まぁ、そう言わないで聞いてくれよ」

才谷は西郷の消極的な態度をさして気に留める様子もなく、テーブルに置いてあるコーヒーカップを持ち上げ、がぶりと飲んだ。熱かったのか顔を少ししかめる。伊達は優しい表情で西郷を興味深そうに観察している。西郷の隣に座っている小松はまるで空気のようだ。

「まず、機能面だ。ヨツバは、総合家電メーカーとして製品を開発する力を万遍なく持っている。その一方で、製品そのものの特徴は薄いと言わざるを得ない。技術的なものもそうだが、一番の問題はプロダクトデザインのダサさだ。今やプロダクトデザインは技術的優位性と同じくらいの重要性がある。ＢＥＡＴＥＣＨにはそのデザイン性があるが、総合力はない。お互いの弱点が補える」

才谷は、一気にまくし立てて西郷の反応を見る。西郷は背広の内ポケットからメモ帳を取り出して熱心にメモを取っている。

「次に条件的優位性。俺の見るところ、ＢＥＡＴＥＣＨには価格の優位性がない。もちろんコアファンに対して強気の金額設定で粗利を高く稼ぎ出すというビジネスモデルであることは百も承知だ。しかし、それでは企業としての成長は頭打ちだ。現にＢＥＡＴＥＣＨのここ数年の業績は横ばいから緩やかに下がってきている。その点、ヨツバは設備、資材の購買力、人員、いわばヒト・モノ・カネが揃っている。ＢＥＡＴＥＣＨの製品のクオリティで価格競争力がつけば鬼に金棒じゃないか」

「ヨツバと一緒になることで、工場や管理部門の効率化が進み、より売上、利益を稼ぎ出せる力が生まれるはずです」

才谷の言葉に伊達が付け加えた。

「才谷さんからもご指摘を受けましたが、ヨツバはここ数年、総合力で業界トップ争いに加わってきました。ヒット作に恵まれなくても、商品ラインアップと安定した完成度と価格競争力で戦ってきました。しかし、それでは国内では戦えても世界の市場では戦えません。我々に必要なのはヒット作です。そのためには社内の力だけでは限界があります。社外の血が必要なのです」

伊達の言葉は熱かった。クールなイメージの伊達だが、その熱量は西郷にまるで大砲のように届いた。

「西郷さんどうだ？　ここまでで何か疑問や質問はあるか？」

才谷は西郷のほうに身を乗り出して尋ねた。

「特にありません。お話はよく理解できました」

「あんたは、食えん人だな」

才谷は西郷の頑な態度に苦笑した。西郷が一方的に否定をしているわけではないのは、彼が熱心にメモを取っていることからわかる。しかし、その表情からは一切の感情を消しているために腹の内が読めない。

「まぁいい。続けよう」

才谷は息をひとつ吐くと、今度はグラスの水を飲みほした。

「なんと言ってもヨツバとＢＥＡＴＥＣＨの合併は、市場に与えるインパクトが大きい。日本の家電メーカーは今やガラパゴスだ。投資家たちにとっては投資メリットの低い分野で、新陳代謝が起こりにくい。とはいえベンチャーでは、規模の面で勝ち目がない。すぐには、新しく市場を牽引するような存在は現れないだろう。日本の家電業界を一新するためにもヨツバとＢＥＡＴＥＣＨが合併することにより新しい強力なブランドを生み出す。おそらく瞬間的に投資価値はあがるだろう」

「そこが才谷さんの狙いというわけですか」

　西郷は切り込んだ。

「もちろん。その通り。うちは投資会社だからな」

　才谷は皮肉を含んだ西郷の言葉を真っ向から受け止めた。

「速く大きく儲ける、がモットーだ」

「西郷さん。ヨツバはブランドの信頼はありますが革新性というインプレッションはありません。御社の革新性と弊社の信頼がシナジーを生めば、素晴らしいものになるとは思いませんか？」

　伊達が熱く西郷に語りかけた。西郷は隣で空気のように控えている小松に視線を向けて苦笑をした。

「それは私ではなく、小松に言ってください。私は一介の人事部長です。取締役ではありません。私には経営の重要事項に対する決定権などないのです」

「経営の決定権の話をしているんじゃない」

才谷は西郷の言葉を遮るように言った。

「ヨツバとＢＥＡＴＥＣＨの最後のピースは、あんたなんだよ」

「私ですか？」

「**機能的優位性、条件的優位性、ブランド的優位性、企業の競争力を測る最後のピースは人だ**」

才谷は西郷の視線を捉えた。その眼は獲物を狙う眼であった。才谷龍一という時代の寵児の本気の眼である。

「この合併を成功させるためには、故・島津彬光の遺志を受け継ぐ西郷という男が必要だ。あんたは現社長の敏光さんとの関係で、人事部長という役職に留まっているが、組織全体を指揮する器だ。この合併はあんたを島津敏光という鎖から解き放ち、その実力を世に解き放つためでもある。新会社でのあんたのポストはＣＥＯだ」

人望とは何か？ 12

「人に選ばれる動機」

人間が選択を行う上で影響を与える「四つの動機」があります。それは、①機能的動機、②条件的動機、③ブランド的動機、④コミュニケーション的動機です。

①機能的動機は、その製品やサービスが他にはない、独創的もしくは独占的なものであった場合に起こります。他に選択肢がないもので、ニーズがあるものであれば強烈なインセンティブになります。

②条件的動機は、価格や納期のような比較対象があるものの優位性における選択肢です。この条件的優位性が四つの中では一番よく使われるものだと思われます。

この条件的優位性を裏付けるものが、③ブランド的動機、ブランド的優位性です。例えばめちゃくちゃ安い商品があったとしても、その商品を出しているメーカーがまったく無名であった場合どうでしょう。我々はその価格について一抹の不安を感じてしまいます。つまり、条件的優位性が担保できているのかが心配になるわけです。しかし、よく知ったメーカーであれば、その信用が担保され安心して選択に踏み切ることができます。また、Ａｐｐｌｅのようにブランドそのものにファンがついている場合では、機能的動機、条件的動機よりも、ブランド的動機が上回ることもあります。企業がブランド戦略に重きを置くのはこのためです。

最後の動機が、④コミュニケーション的動機です。これは「誰から」というものです。担当者、営業マン、経営者、すべてが当てはまります。

ブランド的動機が弱くとも担当者の信頼によってカバーすることができます。顧客とのコミュニケーションによって、他の動機をカバーすることも可能です。また、ブランドを形成していく過程において創業者のカリスマ性でファンを形成し、それを組織全体に引き上げていくということもあります。スティーブ・ジョブズやイーロン・マスクなどがこのパターンに当てはまります。

この四つの動機はどれか一つが優れているのではなく、なるべくこの四つが揃っていることが好ましいのです。**四つのうち二つ以上揃えば選択される可能性が極めて高くなります。**

例えば、Ａｐｐｌｅの初期は、機能的動機は高いデザイン性や使いやすいユーザーインターフェイスなどがありましたが、圧倒的ではありませんでした。条件的動機でいえば、優位性より弱点に近いものでしたし、ブランド的優位性はまだまだ確立されたものではありませんでした。ただスティーブ・ジョブズという個性は強烈なインパクトがありましたので、四つの動機のうち二つが揃っており、新興企業ながら一定の成功を収め、その過程においてブランド的優位性を築いていきました。

そして、一度会社を離れたスティーブ・ジョブズが復帰してからは、ｉＰｏｄやｉＰｈｏｎｅのような革新的な製品で、機能的優位性で圧倒的な力を見せ、さらにジョブズのカリスマ性がシナジーして、ブランド的優位性も劇的に向上するといった好循環が生まれます。その結果、四つの動機のうち三つが揃ったことによって、条件的優位性で無理をしなくてもよくなり、価格戦略で強気に出ることが可能になって、収益性をアップすることができたのです。

一方、日本のメーカーは、機能的動機でも革新的な製品を出すことができず、ブランド的優位性では一定の信頼があるものの、コミュニケーション的動機においては、スター経営者も不在で、またそれに変わるような存在もおらず、条件的優位性でもシェアが奪いきれていないため、価格や納期などの無理もききません。四つの動機に強みを見出せないために、マーケットの中で存在感を発揮できないと思われます。

ビジネスは「選ばれる」ゲームです。どんなに素晴らしい製品やサービスであっても、それを選んでもらわなければ、ビジネスにはなりません。したがってこの四つの動機を顧客に抱いてもらうために、常に競合との間で優位性をつくりあげていく必要があるのです。

才谷、伊達との会合を終え、小松と別れたあと、西郷は、経営企画室の大久保を呼び出した。四谷三丁目のこぢんまりした居酒屋でふたりは合流した。

昔はふたりして朝まで痛飲することもあった馴染(なじ)みの店だ。お互い立場が変わってからは、社外で会うこともなくなっていた。西郷自身、本社に戻って人事部長となってからは、極力、社内の人間とは食事に行かないようにしていた。人事部長という役職ということもあるが、社内の人間と必要以上にコミュニケーションを取ることで、自分を嫌っている社長の敏光を刺激しないようにするためである。そしてそれは、自分を本社に呼び戻してくれた大久保を気遣ってのことでもあった。

「西郷さんが声を掛けてくれるなんてめずらしい」

ふたりで肩を寄せ合うようにしてカウンターに並び、大久保がビールを西郷のグラスに注いだ。

「用件は大体察しております」

大久保は悪戯っぽく笑った。大久保は社内では鉄仮面という渾名で呼ばれている。いつも無表情で、厳格。部下は彼がいると息が苦しくなるほどの緊張感に包まれる。もともと大久保は明るい性格で、新入社員時代はムードメーカーでもあった。大久保の変貌ぶりは彼の新入社員時代を知る同期や同僚にとっては驚きであったが、最近の社員には、大久保は「笑わない人」で通っている。

「小松さんに同行して、才谷さんとヨッツバの伊達さんと会った」

西郷は大久保のグラスにビールを注いで、自分のグラスの中のビールをぐいっとあおった。

「驚かれましたか」

大久保も西郷と同じくビールを一気に飲み干した。大久保も西郷も酒豪と言ってよいぐらい酒には強い。ふたりともどんなに飲んでも乱れることはない綺麗な酒だ。

「合併の件については、あらかじめ小松さんから聞いていたからそれほどでもなかった」

西郷はビールを注ぎながら答えた。

「社長は、才谷さんやヨツバが私を合併会社のCEOに据えようとしていることは知らないのだろう」

西郷は隣に座る大久保の目を見た。才谷のことだ。西郷と敏光の関係は調べ上げているだろう。もしこの件を条件に入れていれば敏光が受け入れるわけがない。合併の話はご破算になってしまうだろう。

「才谷さんはお話しにはなりませんでしたが、社長は感づいていらっしゃいます」

予想外の返答を大久保はした。

「ほう」

その答えに西郷は驚いた表情を浮かべた。

パラ巻き
ぎま
砂肝
本日の
・カツオの
・平目の刺
・たこぶ
・朝どれ

「社長は、才谷さんが西郷さんを高く評価しておられることは承知しておられます。そして合併後、新会社で西郷さんを権限ある立場に置こうと画策されていることも」

「知っていて合併を進めようとしているのか」

「敏光社長は難しい方ですが、決して視野の狭い方ではありません」

大久保は西郷への視線を外し、目の前の魚の煮つけを箸でほぐして口に入れた。

「私は敏光社長によって引き上げられました。他の社員の皆さんとは少し違う角度で社長を見ています」

大久保は新入社員から三年ほど、営業部に配属されていたが目立った成績をあげることができず、その後、マーケティング部に異動した。しかしそこでも大きな成果をあげることができず、管理本部に異動し、長らく不遇な立場にあった。大久保は、頭は切れるが、他人を説得する際に言葉が鋭すぎるきらいがあり、うまく周りと協調することができなかったのだ。

成果があがらないことで、大久保自身の性格も変わり、入社時の明るさは消え、周りと隔絶するような性格になってしまった。

その大久保の転機は、敏光が二代目社長となり、敏光なりに経営の強化を図るために経営企画室を新設したことだった。大久保は経営企画室の一員になると経営効率を向上させるプロジェクトを担当し大きな成果をあげた。大久保の論理的な思考と少々の軋轢(あつれき)を生んでも押し通す強引な姿勢は、自分の体制を強化しようとする敏光の意に添うものであった。敏光は異例の抜擢で大久保を経営企画室長に据えることにした。彬光時代では無名だった大久保は、敏光によって、会社の中心的な存在に躍り出た。彬光によって引き上げられた西郷とは対照的な人物と言ってよい。

「社長は真剣に会社の未来を考えていらっしゃいます。社長なりの合理的な判断でヨツバとの合併もありと踏まえました。その上で、西郷さんの件があっても前に進めようとお考えになっておられます」

「それでは社長は俺が、合併会社でＣＥＯに就任することに賛成されるというのか？」

「それは……」

大久保は言葉を濁(にご)した。敏光は西郷が取締役ぐらいに推薦されることは予想していたのだろうが、ＣＥＯは予想外であろう。

「さすがに社長は受け入れまい」

西郷はそう言って卵焼きを口に入れた。

「もちろんそれを俺が受け入れることもない」

「西郷さんはヨツバとの合併には反対なのですか？」

大久保は尋ねた。今は人事部長ではあるが、西郷の本来の力を考えれば営業などの前線で指揮を揮うことが適任だ。それを望んでいる社員も大勢いる。ヨツバ側はともかく、BEATECH側は皆、諸手をあげて喜ぶだろう。

「正直なところよくわからないというのが本音だ。そして、俺にとってヨツバと一緒になった会社がどのようなものか、見当もつかない」

西郷は、ビール瓶を持ち上げて大久保に差し出した。大久保は頭を下げてグラスを上げる。

「最初の案では、会長は敏光社長、社長、副社長、専務はヨツバから出る予定だった。会長とはいえお飾りだ。それでも敏光社長はヨツバとの合併を望んだのか？」

西郷の問いに大久保は首を振った。

「代表権はなくとも、時間をかけて経営の主導権を握られるつもりです」

「なるほど」

「ヨツバとて合併となれば混乱が生じるでしょう。しばらくは、経営の主導権は綱引き状態になると思われます」

「その間に力で奪い取るか」

西郷は苦笑した。野心家の敏光らしいと思ったのだ。

「ＢＥＡＴＥＣＨは、社長にとってはやはり先代のものなのです」

大久保は、店員に日本酒をオーダーしながら答えた。

「ですが、ヨツバと一緒になった新会社ならばその遠慮もない」

「おのれの野心のために会社の未来を変えることは許されん」

西郷は少しだけ語気を強くした。

「西郷さんは今のＢＥＡＴＥＣＨをどう思われますか？」

大久保は話を変えた。

「停滞だな」

西郷は率直に答えた。彬光を失ってから、ＢＥＡＴＥＣＨにはかつてのような勢いはない。根強いファンは獲得していて、新製品を出せばそこそこの売り上げがあり、収益を獲得しているが、革新的な製品は生み出せていない。

「その原因はなんだと思いますか？　社長の方針は問題でしょうか？」

「そうとは思わんな」

西郷は首を振った。

「むしろ社長はよくやったと思っている」

西郷は運ばれてきた日本酒を大久保に注いでやり、次に自分の盃にも酒を満たした。

「ＢＥＡＴＥＣＨは彬光さんの発想あってのものだった。彬光さんの感性によって、できあがっていたといってもいい。それは誰がやろうと真似ることはできないだろう。敏光社長はそれを真似ることなく、彬光さんの遺産を拡大する方向を選ばれた。市場への横展開だな。そのことによって、ＢＥＡＴＥＣＨの個性は失われたと見ることもできるかもしれないが、そうしなければもっと早く会社の業績は悪化したかもしれん。停滞で済んでいるのは社長の経営手腕によるものだ」

「意外です」

大久保は西郷の横顔を見つめた。西郷は敏光によって左遷された。西郷は言葉には出さないが敏光に良い感情を持っているはずはない。その西郷が敏光を評価しているのは西郷をよく知る大久保にとっても意外なことであった。

「敏光社長はおのれのことをよく知っている。それゆえ焦る」

「焦る？」

「敏光社長はご自身の実績に飢えておられる。彬光さんとは違った形でご自身の成果をお示しになりたい」

西郷はそう言ってさらに日本酒を呷（あお）った。喉（のど）に熱いアルコールの温度を感じる。

「ＢＥＡＴＥＣＨは彬光さんのものでもなければ、敏光社長のものでもない。我々の製品を使っていただくお客様、そしてそれを生み出す社員、協力してくれるさまざまな関連企業、それらのものだ。社長の個人的な想いで動かせるものではない」

「お話はよくわかります」

大久保は頷いた。

「しかし」

久しぶりに西郷と議論を交わすことで、いつも冷静な大久保も少しばかり熱が入ってきた。

「私はヨツバとの合併は必ずしも悪いことだとは思いません。西郷さんのお話通り、先代の彬光社長の感性不在の今、我々にとって、規模の拡大を図り、より強い製品を生み出す体制をつくることが必要です。良くも悪くも今の我が社は、彬光イズムが強く、思考が狭くなっているように感じます。ヨッバと一緒になることで思考の壁を打ち破ることができるのではないでしょうか」

西郷は大久保の言葉に耳を傾けている。その表情は真剣そのものであった。

「今のBEATECHには、高い能力の技術者を引き留めておけるだけの魅力が薄れてきているように思います。島津彬光というカリスマから脱却する必要があると思います」

「その考えに全面的に賛成するわけではないが、一理はあると思う」

西郷は静かに言った。

「それであれば、君が合併後の新会社の中心に座るべきだ」

「私はヨッバ側には無名です」

大久保は少し寂しそうに言った。

「**才谷さんが西郷さんに期待しているのは、西郷さんの人望です**」

「人望?」

「西郷さんには人を惹きつける力があります。ヨッバ側もさまざまな派閥があり、一枚岩ではありません。それをひとつにまとめることができるのは、西郷さんをおいて他にはいません」

「買いかぶりだ」

西郷は小さく笑った。手元の盃に満たされた酒を見る。

「俺がそういった地位に立てば、敏光社長は穏やかではいられまい。それこそ組織はバラバラになる」

「社長は私が抑えます」

「敏光社長が、今回のことを深く考えているのであれば、社員全体に我々が進むべき道筋とそこにある世界を示さねばならない。それがない限りこの合併はうまくいかないだろう」

西郷はそう言うと、酒を一気に流し込んだ。

「島津久光はなぜ西郷隆盛に屈服したのか」

人望のある人とは価値観を示す人だという話をしました。別の言葉でいえば、世界観をつくることができる人物です。

世界観をつくるということは、たくさんの考えや立場の違う人の矛盾を乗り越えて、共存できる世界を示すことです。これは簡単なことではありません。特に長らく安定し、固定された世界に身を置いた人たちが新しい観念を持つことは至難の業です。大企業など歴史のある組織がなかなか変革できないのも、世界観の再構築が難しいからです。そしてその難易度の高い世界観の変更を行えるのが、人望のある人です。

大きな組織が世界観を変えるには何らかのきっかけが必要になります。そのひとつは環境変化による危機です。幕末、徳川幕府によって約二百五十年の安定を享受していた日本に大きな環境変化が起こります。それは、ペリー来航に端を発した外圧でした。これによって、日本の人々の世界観は大きく変わります。しかし、ある日突然新しい世界観に変わったわけではなく、最初は攘夷と開国というふたつの観念が激突しました。そして、それがやがて、幕府という世界からの脱却に収斂（しゅうれん）されていきます。しかし、この時点では「幕府」はだめというだけのもので、「幕府」を倒したあと、どんな世界が訪れるのかを示した者はいませんでした。

倒幕という目標を持った長州や薩摩も、「藩」という小さい世界をベースに行動していました。そして倒幕の機運が高まっていく中で、最初に新しい世界観を提示したのが土佐の坂本龍馬でした。

龍馬は早くから土佐藩を脱藩して横断的に活動していたので、高い視座から「日本」を見ることができました。龍馬の世界観は、「藩」を超え、「身分」を超え、誰もが平等に日本という国の方針を決めることができるというものでした（アメリカの議会民主制に影響を受けたものといわれています）。しかし、龍馬は志半ばで兇刃（きょうじん）に斃（たお）れます。その龍馬の後を継いだのは、西郷隆盛であり、大久保利通であり、木戸孝允でした。彼らは、政権交代という現実のもとに新しい国づくり、新しい世界観を構築していきます。

明治政府が目指したのは、欧米列強に侵食されない国づくりです。環境の危機が、彼らの世界観をつくっていきます。龍馬の理想と彼らの世界が同じだったかどうかは微妙でしたが、向かう道は同じでした。新しい日本をつくるためには、それまでの「藩」の集合体による連邦国家の体制や、身分に囚われた人材登用では限界がありました。

そして、その最大の改革が廃藩置県でした。大名と藩という最大の利権を解体したのです。そこには幕府を倒した功労者である薩摩藩や長州藩も含まれました。この難題を誰が担当するのか。明治政府の要職につく者は、ほとんどがかつては身分の低い武士です。時代が時代であれば殿様など一生見ることができなかったかもしれません。かつての主君に、握っている権力を手放すように言わなければならないのです。

これを担当したのが、西郷隆盛でした。西郷は、明治維新で最大の功績のある薩摩藩から、廃藩置県を行うための版籍奉還（藩主が領地と人民を朝廷に返すこと）を行わせることにしました。その交渉相手は、西郷にとっては主（あるじ）である島津久光です。

　久光は、西郷にとって関係性の良い主ではありませんでした。むしろ最悪と言ってもいいでしょう。久光の兄である島津斉彬（なりあきら）の秘蔵っ子であった西郷は、ことあるごとに久光と対立しました。久光は西郷を憎み、二度にわたり島流しにします。二度目は明らかに殺意のある過酷な島流しでした。しかし、激しく変わる情勢に対応するために大久保利通らが動き、西郷は政治の表舞台に返り咲きます。久光にすれば、やむなく登用しただけであり、本音は憎んでも憎みきれない相手でありました。西郷にとっても、久光に受けた数々の仕打ちは決して許せるものではなかったと思われます。

　久光は、できることならば反抗したかったでしょう。しかし、結局、久光は西郷の前に屈服します。それは薩摩の武士たちのほとんどが西郷に服していたからです。幕末から戊辰（ぼしん）戦争を通して、西郷は「藩」という小さな視座から、日本全体を考えられる大きな視座を持つことができました。それゆえに彼は「江戸城無血開城」をはじめ敵である徳川幕府に対しても寛容であり、一刻も早く新しい日本をつくりあげようとしたのです。

　そして、日本中の武士たちにとって、西郷そのものが一つの世界観でした。語らずとも納得させる。**人望の極みは、言葉を介さず存在そのもので納得させることです。**

新しい日本の世界観の入り口をつくった坂本龍馬は、言葉の人でした。巧みなコミュニケーション能力で相手を説得していきました。龍馬自身は大きな組織を持っていたわけではありませんでしたが、西郷や木戸のような大藩のリーダーを説得することによって自身の世界観を達成しようとしました。

龍馬が斃れ、言葉のあとに必要だったのは具体的な仕組みです。これをつくったのは、西郷の盟友である大久保や木戸でした。その仕組みを実践させることができたのは西郷というカリスマの存在です。もし、西郷がいなければ、大久保や木戸は、考えの違う勢力を一つひとつ説得せねばならず日本の近代化は大幅に遅れたでしょう。西郷隆盛は、上は大名から下は下級武士まで、誰もが彼の後ろをついていこうという思いを抱いた人物だったからです。

それは西郷という「個」の姿勢にありました。組織を動かすための「個」とはどういうものでしょうか。本書の最後のポイントに進んでいきます。

1 「スローガン」を掲げることで、社会や世界に対して組織の行動を明確に伝える。

2 人間が選択を行う上で影響を及ぼす「四つの動機」、①機能的動機、②条件的動機、③ブランド的動機、④コミュニケーション的動機のうち、少なくとも二つを備えることを目指す。

3 環境が変わったときには、新たな世界観を示す。

第5章

島津敏光社長の孤独

ヨツバ・BEATECH合併会社の新社長に
BEATECH人事部長西郷武彦氏が急浮上？

ヨツバ、BEATECHの大型合併の交渉が進んでいるが、その新会社の代表にBEATECH人事部長である西郷武彦氏の名前があがっていると関係者が明らかにした。西郷氏はBEATECH創業者である島津彬光氏のもとで業績拡大に貢献した人物で、一度子会社に転出したあと、本社人事部に復帰している。営業現場と管理部門の経験を持ち、まだ五十二歳という若さも新会社の顔に相応(ふさわ)しいとの評価がヨツバ側からあがっており、新会社に向けて人事面も加速しそうだ。

「才谷さんですね」

『毎読新聞』の新聞記事を前にして、西郷は呟いた。西郷の前には、取締役の小松と経営企画室長の大久保がいる。

三人は腕組みをしたまま難しい顔をしている。西郷が大久保と呑(の)んだ夜から二日が経っていた。突如、発表されたヨツバとＢＥＡＴＥＣＨの人事に関するリーク記事は、ＢＥＡＴＥＣＨ社内に衝撃を与えていた。小松の役員室に集まった三人は、この記事の波紋について話し合っていた。

「才谷さんのリークであることは間違いないだろう」

小松が苦虫を嚙み潰したような表情で言った。

「ヨツバのほうも混乱しているらしい。マーケティング本部の高杉取締役が騒いでいるらしい」

「高杉役員は合併に反対されていましたからね」

大久保が言った。

「ヨツバ側にも合併に反対している幹部がいたのか」

西郷は興味深そうに大久保に尋ねた。

「高杉さんは、今年の四月に役員に抜擢されたばかりの人物です。まだ三十代の人物ですが、ヨツバの新マーケティング戦略を立案した奇才です」

西郷の質問に答えたのは、大久保ではなく小松であった。ヨツバは、それまでテレビＣ

Mを中心にしたマスに対する宣伝計画が中心だったのを、テレビの予算を半分にして、SNS中心に切り替える大胆なマーケティング戦略に移行して話題になった。高杉はその戦略を指導した中心人物である。

「おもしろい」

西郷は興味深そうに頷いた。どちらかというと、バランス型の多いヨツバに高杉のような人材がいるのは意外であった。

「それにしても才谷さんの狙いはなんでしょうか?」

小松が新聞を手に取って記事を見ながら言った。

「合併後の人事案を出して世間の注目を集めることにより、合併そのものを既成事実にするということでしょう」

大久保が腕組みをして宙を見上げた。

「社内の様子はどうです?」

「現場は西郷さんの名前が出たことで歓迎ムードではあります」

小松の問いに大久保が答える。

「西郷さんが合併会社のトップに座ることで、ヨツバに対してある程度互角に扱ってもらえるとの期待が高まっています。当初の反対意見一色ではなくなりました」

「それが才谷さんの狙いかもしれませんね」

大久保と小松のやり取りに西郷は首を振った。

「社内の反対が多少収まる効果はあるかもしれませんが、社長がこの報道に反発すれば合併そのものが流れてしまうでしょう」

「社長の反応は？」

小松が大久保に尋ねた。

「それが……今のところ特に反応はありません」

「反応がない？」

「はい」

西郷はゆっくりと窓のほうに歩いた。反応がないのは肯定的ではない証だ。敏光は、激しい気性だが、ここ一番では己の感情を抑えて思考を巡らせるだけの度量はある。三年前、西郷の子会社転出を決めたときも感情に任せるままではなく、西郷の後任人事も考え抜いて、その影響が最小限で抑えられるように時間をかけて決定した。今回も同じように状況を見定め、考えを深めているのだろう。

「社長の反応がない限り、我々はこの報道に正式な反応はしないほうがいいでしょう」

西郷は窓の外を見ながら言った。太陽の光が眩しい。その光を遮るように右手を額の上にかざす。

「そうですね」

小松は西郷に同調した。

「才谷さんのペースに巻き込まれないことです」

「大久保くん。君は社長の意向を聞き出してくれ」

「わかりました。もし……」

「もし？」

「社長が才谷さんの人事案に反対されれば」

「それが我が社の回答だ」

西郷は強い口調で言った。

「それで合併案が流れるのなら流れたほうがいい」

「西郷さんは合併案に反対なのですか？」

小松が西郷の背中に問いかけた。

「私は反対です」

西郷は窓から視線を室内に戻した。

「確かに今のＢＥＡＴＥＣＨの状況を打破するために、ヨツバとの合併は効果があるかもしれません。停滞した日本にとって、この合併はマーケットの活性化をもたらすかもしれません。しかし、それはいっときのことです」

「いっときですか……」

小松は西郷の言葉にほんの少し疑問を感じたような仕草を見せた。

「私はいっときだと思います。将来的なヨツバとの合併は否定しません。しかし、それは今ではありません。今日のＢＥＡＴＥＣＨの停滞は我々自身の問題です。まずは自分自身の力でこの停滞を乗り切らなければならない。**状況や環境の変化は、わかりやすく構造を変えることはできますが、本質的な行動までを変えることはできません。**時間が経てば同じ問題を抱えるでしょう。しかも、次はヨツバとＢＥＡＴＥＣＨが互いに抱えた課題をひとつの組織の中で抱えることになります。それは、今よりはるかに大きな問題となって組織全体を襲うでしょう」

人望とは何か？

14

「歴史は繰り返す」

環境や状況は確かに大きな影響を組織にも個人にも与えます。確かに環境や状況が変わったことにより、その能力を開花させ、問題を乗り越えられた人や組織はたくさんあります。一方で環境や状況が変わっても良くならない、もしくはさらに悪化する人や組織もいます。この差はなんなのでしょう。

これは環境や状況が原因ではなく、**環境や状況を変えることで解決策を見つけることができたか否か**ということです。

人は日常のルーティンの中で、思考を見つめ直したり、行動を変えたりすることは難しいものです。組織は、人の集合体ですからなおのことです。しかし環境や状況の変化が起こると、その変化に対応しようとして思考や行動を変えることができます。ただ、この変化は無意識に近い状態で起こるので、その環境に適応してしまうと再び変化を起こせないようになってしまいます。

歴史は繰り返すという言葉がありますが、危機的状況を乗り越えて発展した国が、過去とまったく同じ過ちを犯し再び危機を招くことがあります。これは、環境の変化に適応したあと、再び思考や行動がもとの状態に戻ってしまうことを指します。また、環境や状況が変わっても頑に変化を嫌う人もいますから、その場合はさらなる悪化を促してしまいます。我々が真の進化を遂げるには、変化に適応した思考と行動を記憶に留め、それを維持し続ける必要があるのです。

新聞報道から数日が経過した。ＢＥＡＴＥＣＨは報道に対して正式に否定のコメントを打ち出した。ヨツバも同様に、合併の進捗も含めて大きな動きはないとコメント。才谷は表立ったコメントは控えた。両社で水面下に行われていた交渉の動きも止まり、合併は暗（あん）

礁に乗り上げたかに見えた。西郷は通常通りに仕事を進めるように部下に指示し、新しい年度に入るための人事案に手を付け始めていた。

慌ただしい日常が戻ってきていた。

「西郷部長。お電話です」

事務の女性社員が西郷に声を掛けた。

「どこからですか？」

「それがお名前を仰らなくて……」

女性社員は戸惑った様子で答えた。

「受付からです」

間接部門である人事部に所属している西郷に、外部の取引先から電話があるということはあまりない。ただ、クレームや、警察などからの連絡は時折ある。外部からの連絡は大抵の場合、厄介ごとが多い。

「わかりました。こちらに回してください」

西郷は女性社員が相手に声を掛けて電話を保留したのを見届けて、受話器を取った。

「お電話代わりました。西郷です」

「才谷だ」

受話器の向こうから快活な声が響いた。

「ちょっと近くまで来たんだ。あんたの顔を拝みたくて連絡しようと思ったんだが、よく考えると携帯電話の番号教えてもらってなかったんでね。下の受付から電話させてもらった」

「私に何か御用ですか？」

西郷は慎重に才谷の様子を窺った。

「そんなに警戒するなよ。少し世間話でも付き合ってくれないか」

才谷は長年の友人に話しかけるような気軽さで畳みかけた。西郷は、そっと息を吐くと、

「わかりました。そのままお待ちください。そちらに向かいます」

そう言って受話器を置いた。

「実は今日、島津社長とお会いしたんだよ」

会社から出て、すぐそばにある小さな純喫茶に西郷は才谷を案内した。席に座るなり才

谷は悪戯を打ち明けるような口調で言った。

「そうですか」

西郷は素気なく答えた。

「なんだ、もう少し驚いてくれよ」

才谷はつまらなさそうに唇を尖らした。

「私には会社の経営方針に口を挟む権限はありません。決定されたことに従うだけです」

西郷はテーブルに置かれたコーヒーを口に含んで微笑んだ。

「あんたが島津さんに嫌われる理由がなんとなくわかるなぁ」

才谷は、注文したミックスジュースからストローを抜き取り、そのままグラスを傾けて飲んだ。口の中で氷をガリッと砕く。

「なかなか腹を割らないし、かわいげがない」

「すみません」

西郷は頭を下げた。

「まぁいいさ。それがあんたの性分なんだろ」

才谷は鼻歌を歌うように言った。

「気づいているると思うが、『毎読新聞』にリークしたのは俺だ」

「そうだろうと思っていました」

「俺の考えは前回話した通りだ。あんたを新会社の代表に据えたい気持ちは変わらない。だから観測気球を上げようと思ってな」

才谷は悪びれる様子もなく言った。

「ヨツバさん側でも反対の声が上がったようですね」

「高杉だろ」

才谷は笑った。

「あいつは、はねっかえりだからな。なんでもかんでも反対する。なに、あの男は任せてもらえれば大丈夫だ」

「そうですか」

西郷は内心、才谷という男の不思議な魅力に自分が知らず知らずのうちに引き寄せられているような感覚を覚えた。いつのまにか西郷が新会社の代表につくことを前提に話が進んでいる。

「それよりも島津社長の反応を見たかったからな」

才谷はガリッと氷を奥歯で噛み砕く。

「俺は新会社を世界に通用する会社に育てたい。そのために何をすればいいか逆算で考える。島津さんにビジョンがなければ新会社にとっては害になる存在だからな。排除する方法を考えなければならん」

才谷は物騒なことを言った。西郷は眉を顰めた。

「排除もなにもＢＥＡＴＥＣＨの代表は島津社長です。排除など誰もできません」

「合併が成立すれば、新会社の経営方針は株主が決める。島津さんは持ち株的には自分の立場を守ることはできん」

「合併さえすればなんとでもなるということですか」

「そんなところだ」

才谷は低い声で笑った。

「まぁその点は島津さんも同じことだろうが」

「才谷さんが思うほど社長は甘い相手ではありませんよ」

「おもしろい」

才谷はさらに愉快そうに笑った。

「甘くないか……島津さんもあんたに対して同じセリフを言っていたぞ」

「同じセリフ？」

「西郷という男は、地位につられて甘い判断をする男ではないと。自分の器をよく知っている男だとな」

才谷はおしぼりで口を拭うと真剣な顔になった。

「西郷さん。島津さんと一度腹を割って話してみたらどうだ。あんたらにはいろんなことがあったようだが、会社の合併の有無という大局を前にして裸で考えをぶつけ合ったらいいんじゃないか」

西郷は才谷の言葉に戸惑った。才谷の真意が読み切れなかったからだ。

「西郷さん。俺は本気で世界で一番になる家電メーカーをつくりたいと思っている。その可能性が今回の合併にある。形だけの合併ではなく、魂まで両社を合併させたい。そのためにはどんなハレーションが起こってもいい。むしろそのハレーションが新しい組織を生み出す。ＢＥＡＴＥＣＨはヨツバより規模は小さいが人材は揃っている。小松さんや大久保さん、開発本部の村田さん、その中でもあんたがキーマンだと思っている。それに……今日島津さんと話してみて、島津さんもまたキーマンだと思った」

才谷の言葉には熱が籠っていた。

「あんたたちは、創業者の島津彬光氏にとらわれすぎだ」

「とらわれすぎ？」

「彬光氏は、あんたにとっては偉大な師、敏光さんにとっては偉大な兄だ。しかし、そこに留まっていては会社は成長しない。今日のＢＥＡＴＥＣＨの停滞の原因は、あんたと敏光さんの責任だ」

「私と社長の……」

「あんたたちは同じところで止まってるんだよ。それを修正できるのもあんたたちだけだ」

西郷は黙って、手元のコーヒーカップに視線を落とす。コーヒーの真っ黒な表面におのれの顔が映る。

「ＢＥＡＴＥＣＨはあんたたちの思い出のためにあるんじゃない。日本の、いや世界のためにあるんだ。俺はすべての組織は成長する必要があると思っている。成長し、競争すれば、そのマーケットは活性化し、より高い水準の技術やサービス、製品を生み出す。それはよりよい社会を生み出す。だから、成長の可能性がある組織にはその機会を与える。それが俺の使命だ。あんたたちは一歩先に進むんだ」

　西郷の胸にその言葉は響いた。

「それではなぜ才谷さん自身が代表になられないのですか？」

「俺が？」

　才谷は西郷の質問に驚いたような表情を浮かべた。そして、おしぼりを手に取り乱暴に顔を拭った。

「人には向き不向きがある」

　才谷はおしぼりをテーブルの上に放り投げた。

「俺にはその器はない。組織を率いるのは俺の仕事じゃない」

「器なら私もありません」

「そんなことはない」

　才谷が手を振った。

「あんたは組織の中で生き続けている。組織の矛盾を知っているし、それを容認もできる。そして何よりも、周りの人間があんたという存在で矛盾に折り合いをつけることができる。俺は今回の合併を思いついてから、徹底的に両社の人材を調査した。その中で一番相応しいと思ったのがあんただったんだ」

「よくわかりません」

「それを確認するためにも島津敏光社長と話してみればいい。社長にも同じことを言った」

才谷は素早くテーブルの上の伝票を手に取った。

「社会における自分の価値や役割は自分で決めるもんじゃない。それは他人が決めるもんだ。いや社会が決めるもんだ。あんたにはそれに従うか逆らうかの選択肢しかない。自分じゃなく他人を見ろ」

「それが社長だと？」

「そういうことだ」

才谷はそう言うと、立ち上がった。

「この合併は必ず成功する。俺は信じている」

才谷はそう言うと、西郷の言葉を待たず立ち上がった。

それから二日後。西郷は、敏光の呼び出しを受けて、都内の料亭に足を運んでいた。その料亭は彬光がお気に入りだった店であり、西郷も何度か彬光と共に食事をしたことのある思い出の場所であった。

「ここには兄がよく私を連れてきてくれた」

敏光は西郷のグラスにビールを注ぎながら言った。今年、六十歳になる敏光は、面長で色白で歳よりも若く見える。大柄であった彬光と比べると小柄で華奢（きゃしゃ）だが、その眼光の鋭さと、眉間に刻まれた深い皺がこの人物の気難しさを物語っている。

「才谷ごときの話に乗ったわけではない。ただおまえとはそろそろ決着をつけなければならないと思ったからだ」

のっけから敏光は好戦的であった。西郷はグラスを置くと、敏光のグラスにビールを注ごうとしたが、敏光はそれを手で押しとどめた。

「ヨツバとの合併についてどう思う？」

「案としては面白いとは思います」

「賛成か反対か」

「反対です」

西郷ははっきりと答えた。

「ほう。その理由は？」

「ミッションのない合併では、いっときの活性化はあっても長い目でみればマイナスに働きます」

「ミッションか」

敏光は言葉を切って、自らの手でグラスにビールを注ぎ一気に呷（あお）った。

「言葉遊びだな」

敏光は唇を歪めた。

「おまえの言うミッションとはなんだ？」

「我々が社会に存在する意義です」

西郷は答えた。ふたりの間に緊張が走る。

「彬光社長は仰いました。ＢＥＡＴＥＣＨは人と製品の間の深いコミュニケーションを生み出すことに価値があると。生活に必要なだけでなく、その製品が人とのコミュニケーションを宿す。まるで人と人の関係のように製品と人のコミュニケーションを生み出したいと」

彬光は、製品の耐久性にこだわった。価格は高いが長く使ってもらう。飽きの来ないデザイン、シンプルな性能。メーカーとして自分たちの製品に愛着を持ち、長く愛される製品を生み出す。それが彬光の考えたＢＥＡＴＥＣＨのコンセプトだった。

「それは私も理解しているつもりだ」

敏光はまるで西郷の言葉を跳ね返すように鋭い口調で言った。

「おまえは私の拡大路線が間違っているとでも言いたいのか？」

敏光は西郷を見据えた。彬光の後を継いだ敏光が最初にやったことは、販路の大幅な拡大であった。彬光は販路の拡大には慎重だった。ＢＥＡＴＥＣＨのコンセプトを理解してもらえる販売先を慎重に見極めたいという意向を持っていた。

「先代の理想は私もよく理解している。ここで兄弟水入らずで会社の未来について議論したものだ。しかし、私が後を継いだとき、会社の財務状態は悪化していた。あのタイミングで売り上げを拡大しなければ早々に事業は行き詰まっていただろう。理想と現実のバランスを取る、それが経営の仕事だ」

「販路拡大については致し方ないことだったと私も思います」

「致し方ないか」

敏光は唇を歪めた。

「おまえはあのとき、ずいぶん抵抗したではないか」

「確かに」

西郷は頭を下げた。

「あのとき、私は確かに異論を唱えました。そのことは私の視野が狭かったと思います」

敏光は頭を下げている西郷を睨みつけていたが、ふっと息を吐いた。

「昔のことを蒸し返してもしかたあるまい。ヨツバとの合併はミッションがない、という理由を聞かせてもらおう」

西郷は頭を上げた。

「我々自身の問題です。製品と人とのコミュニケーションが我々のミッションです。これを見失っているのではないでしょうか。会社の根幹を見失っていてヨツバと合併しても、単に飲み込まれるだけではないでしょうか」

「見失ってはいないだろう。開発本部も営業も日々、それを行っているのではないか」

敏光は反論した。

「製品と人をつなぐのは、我々、BEATECHの社員です。今、我々はそれができているでしょうか？」

「できていないと言うのか？」

「社員が知らないところで、合併の話が進んでいます。それが何よりの事実ではないでしょうか」

「私が社員をないがしろにしていると言いたいのか!!」

敏光は激高して声を荒らげた。しかし、西郷は引かなかった。三年前、同じようなことがあった。そのとき、西郷は敏光と議論することをあきらめた。今回は逃げてはいけない。西郷はそう覚悟を決めてこの場に来ていた。

「社長がないがしろにしたというより、社長ご自身が社員を避けていらっしゃるのではないでしょうか？」

「私が避けているだと」

「社長だけではありません。今、社員全員が難しいコミュニケーションから逃げているのではないでしょうか」

西郷は敏光に真っ向から向き合った。

「三年前、私は社長を避けました。争いを避け、議論を避けました。言っても無駄だと思ったからです。しかし今はそのことを恥じています。伝わらないのではなく、伝えていなかったのだと」

西郷の言葉に敏光は何か言葉を返そうとしたが、そのまま西郷の言葉を待った。

「社長の想いを社員に伝えてください。社長にとって、社員は敵ではなく仲間です。同じ目的を目指す」

「仲間……」

敏光は小さく呟いた。

「会社が始まった頃、彬光社長がおっしゃったことがあります。やるべきことよりもやらないことを決めよう。やらないことが定まればあとはやるべきことは各人が自由に決めればいい。多様な意見を製品に籠めることができる。そのとき彬光社長が決められた、やらないこととは、自分の考えを言わないことでした。

あの頃は人と製品のコミュニケーションが成立するという目的のもと、皆が自由な意見を言っていました。それがＢＥＡＴＥＣＨの根幹だと思います。それを取り戻すことができたなら、ヨツバとの合併は、大きな力を永続的に発揮できると私は思います」

「自分の考えを言わないことか……」

敏光は少し寂しそうな表情を浮かべ、静かに自分のグラスにビールを注いだ。

「いつのことだったか、先代に私の意見を述べたことがある。そのとき、先代は私に自分の意見を言わなくていいと言った。おまえは、下の意見をくみ取るだけでいいとな」

敏光はグラスを上げ、一気にビールを流し込んだ。

「私は兄には仲間と認めてもらえなかったらしい」

敏光は静かにそう言うと、目を伏せた。

「それは違うと思います」

西郷は敏光に話しかけた。敏光と西郷をつないでいるのは彬光だ。西郷は彬光の真意を敏光に伝えなければならないと思った。

「それは彬光社長が社長を後継者と目されていたからだと思います」

「どういうことだ」

「彬光社長は、あるときからご自分の考えをおっしゃらなくなりました。そして、できる限り、われわれ部下の意見を吸い上げ、最後のジャッジメントのみを行われていました。その頃、われわれは社長の考えをくみ取るのに苦労しました。あるとき、私は彬光社長に直談判したことがありました」

そのときのことを西郷は脳裏に浮かべた。

「社長。もう少し社長のお考えを聞かせていただけませんか？　皆、社長の真意を摑めず迷走しているように感じます」

「私の考え？　そんなものはない」

「どういうことでしょうか」

「西郷。ＢＥＡＴＥＣＨのミッションは人と製品のコミュニケーションを豊かにすることだ。その人とは私のことではない。あまねく人々だ。そのたくさんの人々の中から我々の製品を愛してくれる人を探し出さなければならない。もう私という個人の感性でそれを行うことは難しい。それよりもＢＥＡＴＥＣＨに集う仲間の意見を広く受け入れてそこから最善の道を選ぶ。それが経営者の私の仕事だ」

「しかし、社長ほどの感性を持つ人間は社内にはいません。社長のご意見もわれわれのひとつの意見として参考にさせていただけないでしょうか」

「西郷。私の意見はもう必要ない。この会社は私のものではない。しかし、働く社員にとっては、私の会社だと思う。それは仕方のないことだ。**社長の意見は、どんなに素晴**

らしい意見でも、この規模になると、組織を内向きにする害悪でしかない」

「よくわかりません」

「お前も経営の立場に立てばわかる。そのときまで私の言葉だけを覚えておけばいい」

「私は、三年前、子会社に取締役として出向させていただきました。そのときに初めて彬光社長のお言葉の意味がわかりました。**経営とは人の調和を図り、人の意見をまとめ、進むべき方向を決めることのみである**と。その機会を与えていただいた社長には感謝しております」

西郷は深く頭を下げた。その西郷を敏光は複雑な表情で見つめていた。

「私は子会社での経験で、経営の奥深さを知りました。本社への復帰が叶ったときも、正直なところ、もう少し経営の勉強をしたいと思いました」

「それならそのまま永遠に子会社に転籍させてもよかったな」

敏光は吐き捨てるように言ったが、その言葉とは裏腹に表情は穏やかであった。

「最終的に結論を下すのは社長以外には居られません。どのような結論を下されても私はその決定に従います。私は、島津彬光という人物を心から尊敬しています。それは個人として終生変わらぬ想いです。その師がこの会社を託されたのは社長です。私はその社長の決定に異を唱えることはありません。しかし、自分の意見は述べさせてもらいます。自分の意見を言わないこと、それはやってはならないことだからです」

西郷がこれほどまでに言葉数を使うのは異例のことであった。

「それが先代との約束というわけか」

「たったひとつのやってはならないことです」

「それではもうひとつおまえの意見を聞きたい」

敏光は背中を伸ばした。

「合併にあたって私が社内に示すべきことは何かあるか」

西郷は少し沈黙した。敏光もまた沈黙したまま西郷を見つめていた。しかし、そのふたりの間にはここで相対したときの緊迫した雰囲気はなかった。

「社長が目指すこの会社の未来を示してください」

「未来？」

「この会社の進むべき道を決めるということは、行き先を決めるということです。その行き先を知った上で、今回の合併を社員がどう受け止めるかです。合併は行き先に向かうための手段でしかありません。まずは行き先を示すことが社長のやるべきことではないかと愚考します」

西郷と話した翌日、敏光は社内向けにビデオメッセージを発信した。

「社長の島津敏光です。ここ最近、ヨッバさんとの合併の話で社員の皆さんを不安にさせていることをお詫びいたします。

合併についての協議を行っていることは事実です。しかしまだ合意をしているわけではありません。あくまでも可能性を探るというレベルです。合併の可否については社員の皆さんから広くご意見を募ることにしたいと思っています。つきましては、私がこのＢＥＡＴＥＣＨをどうしたいと考えているのかについてお話ししておきたいと思います。その上で、皆さんにはこの合併について考えていただきたいと思います。

私は五年前に、兄で創業者である島津彬光から社長の座を継ぎました。兄が目指したのは人と製品の深いコミュニケーションです。単なる機能ではなく、長く人と製品が共に過ごしていくという関係です。製品サイクルを長く伸ばし、飽きの来ないデザインとシンプルな機能で製品が人と共存していく世界です。

私は兄が目指した世界観を変えるつもりはありません。その世界を実現するためには、会社をより強固にしていく必要があります。

就任後、私が考えたのは、ＢＥＡＴＥＣＨの足もとの財務状況の強化でした。妥協しない製品開発を行うことが、我々の目指す世界への必要条件です。しかし、それは十分な収益があってこそできるものです。そのためには既存製品の販売強化が必要でした。業績がアップすれば、外部からの資金調達も可能になります。まずやらなければいけないことは販路拡大や営業強化でした。その点については皆さんのおかげで一定の成功を収めたと思います。

そして我々は次のステップに進まなければなりません。開発に十分な予算をかけ、もっとたくさんの人にＢＥＡＴＥＣＨの製品を愛してもらいたいと私は思っています。それが兄の遺志を継ぐ私の役目です。これまでの私の施策がすべて正しかったとは思いません。しかし、私の想いはすべてがＢＥＡＴＥＣＨの創業者の遺志を継ぐものです。合併に関しては、皆さんの率直なご意見に耳を傾けます。忌憚（きたん）のない意見を私まで送ってください」

今までありきたりなメッセージしか社員に届けなかった敏光が、誠実に語りかけたことは、社員の心に響いた。

それから数日後、ＢＥＡＴＥＣＨは正式にヨッバとの合併交渉の打ち切りを発表した。

「あんたに一本取られたな」

才谷はガリッと音を立てて氷を噛み砕いた。西郷は先日、才谷と話をした純喫茶で彼と向き合っていた。才谷はミックスジュースを、西郷はアイスコーヒーを注文している。

「島津社長が感動的なスピーチをしたんだってな」

才谷は悪戯っ子のような表情で西郷を見ている。

「シナリオはあんたが書いたんだろ」

才谷の問いに西郷は素直に頭を下げた。

「すみません」

「あえて合併のメリットを語らせず、ＢＥＡＴＥＣＨのミッションについてのみ話させたんだってな」

才谷はおしぼりで顔を拭った。

「あんたのおかげで俺の目論見は水の泡だ。迷惑なことだ」

才谷はちっとも迷惑そうな様子ではなく、むしろ喜んでいるような表情で言った。

「ヨツバさんとの合併は魅力的な案ですが、いくら魅力的でもそこに心がついてこないと難しいと思います」

「あんたは不思議な人だ」

才谷は笑った。

「あんたが頭に立てば、その心とやらもついてきたんじゃないのかい」

「それは違います」

西郷は首を振った。

「私はＢＥＡＴＥＣＨの一員です。ＢＥＡＴＥＣＨがあってこそ私に社員が心を寄せてくれるのです。ＢＥＡＴＥＣＨがＢＥＡＴＥＣＨでなくなれば、才谷さんが期待しているようなことは起こりません」

「そんなもんかな」

才谷は西郷を見つめた。

「しかし、才谷さんはあまり残念そうではないですね」

西郷はほんの少し口元に微笑みを浮かべた。

「まぁな。俺はまだヨツバとＢＥＡＴＥＣＨの合併をあきらめてはいない。しかし今回、あんたと島津社長の連携が見られたことは良かった。時間が掛かってもいい。ＢＥＡＴＥＣＨがより強い状態になってヨツバと合併する。そのほうが、俺の目指す世界をリードする家電メーカーが誕生するというものだ」

「あきらめていないんですね」

西郷は才谷のしつこさに呆れたように言った。

「巨大企業の合併なんてもんは生半可(なまはんか)なことでは成立しないことなんざ承知の上だ。その上で事を進めている。状況が変わることは悪いことじゃない。その状況を把握して、次の手を打つ。手を打ち続けることが重要だ」

「なるほど」

西郷は才谷の言葉を聞きながらコーヒーを口に含んだ。才谷の執念深さはある意味尊敬に価する。確かに才谷がやろうとしていることは簡単なことではない。組織は必ずしも理屈で動くわけではない。さまざまな事情があり、ときには非合理的な判断も行われる。論理よりもタイミングが重要な場合もある。才谷は、そういう組織や人間の機微(きび)を理解しているのだろう。

「西郷さん。俺はあんたのことを以前よりさらに認めている。ＢＥＡＴＥＣＨは強い会社になるだろう。しかし、それが済めばあんたは否が応でも世界を見なきゃならない。企業の存在価値は、いかに競争をして市場を活性化させ、その結果、消費者を豊かにするかだ」

才谷はそう言うと、グラスの中のミックスジュースを氷ごと流し込んだ。

「あんたは、ＢＥＡＴＥＣＨだけを見ているが、俺は世界を見ている。いずれあんたにも世界を見せてやる」

そう才谷は言うと立ち上がった。西郷も立ち上がり、黙って才谷に頭を下げた。才谷はその西郷に笑顔をひとつ見せると、足早に店を出ていった。

人望とは何か？ 15

「人望」は、時に暴走する

日本の、特に大企業における会社の存在価値というものは社員の皆さんにどの程度響いているでしょうか。ほとんどは、「きれいごと」もしくは「建前」として捉えられているのではないでしょうか。

会社の存在意義については、さまざまな言葉で表現されています。ミッション、企業理念、最近はパーパスなんて言葉もあります。それぞれ、実際の意味は少しずつ違います。

企業理念であれば、「企業が世の中に存在する理由・理屈」という意味です。「理」

という言葉で表される通り、論理的な意味ということです。この場合、社会に影響を与えるという意味合いではなく、存在できる証明を表します。

一方、「ミッション」は欧米の企業がよく使う言葉です。「ミッション」はもともと「mittere」というラテン語で宗教用語です。日本語では「使命」と訳されますが、「命を懸けてでもやり遂げること」という意味であり、「行動」に関するものです。理念は理由や論理であり、行動を示すものではありません。ミッションは強い行動を促すものです。宗教は、「教義を広める」ことが最重要であり、昔は、そのこと自体が大変危険なことであり、命を落とすことなど当たり前でした。企業においてもサービスや製品を「広める」ことが最重要であり、そのことに「命を懸けられる」ことを社員に覚悟させるという意味合いがあります（もちろん実際に命を捨てるという意味合いではありませんが）。

最近、よく使われる「パーパス」は目的という意味で、企業が最終的に行き着く場所や世界観を指すものです。ミッションよりは行動の意味合いは薄く、理念とミッションの中間に位置するものです。最近は「個人」と「組織」の関係が見直されており、どちらかというと、「個人」と「組織」は切り離されて、その間の調整をワークライフバランスという言葉で行おうとする方向です。本書のテーマである「人望」は人の集団の中で起こるものであり、それぞれが「個」の場合は起こりません。

では、「個人」と「組織」が切り離された現代では、「人望」などという言葉は絶滅危惧種なのでしょうか。実際のところ「会社」という組織体の中で、人望という概念があまり重視されなくなっているのは事実で、特に大企業においてその傾向は顕著なのではないでしょうか。

しかし少なくとも、「自分にとって都合がいい」「自分に優しい」という人と、「人望がある人」の区別をつけることは大切なことではないかと考えます。「人望」とは、「目的」に向かって人をまとめる力であり、場合によっては厳しい判断を下すことができなければなりません。「個」の力が強くなればなるほど、多様性は高まり、まとまりはなくなっていきます。

おもしろいもので、これは原始時代の人間に戻っていくようなものです。原始時代の人間はまさに「個」の集団でした。しかし人間はずっと「個」の状態では、厳しい環境を生き抜けませんでした。当時は命を脅かす危険が溢れていましたから、「個」で活動するよりも「集団」で活動するほうが安全でした。ここから人間は「集団」を形成していくことになるのです。そして「集団」のリーダーは「強く」て「危機管理能力が高い」人が選ばれていきます。やがてその集団が大きくなっていくと、その集団に集まる人たちを束ねていく技術が必要になります。ここで、集団で生きる目的が求められるようになるのです。目的を設定することで集団の力は大きく作用し、そしてまとまることができます。

　これが「宗教」のはじまりです。「宗教」は世界観や価値観を統一するものです。人々は自分たちが信じる世界観や価値観を広めるために結束していくのです。その手法は、国の統治や、時代が進むと企業の統治方法に適用されていきます。「ミッション」はまさにその一例です。しかし不思議なもので、その結束が強まれば強まるほど、「個」の自由は奪われ息苦しくなります。すると、人間は再び「個」の自由に舵（かじ）を切るのです。

　この人間の振り子のような心理状態を論理的に説明したのが、アメリカの経営学者チェスター・バーナードです。バーナードは人間の人格には「組織的人格」と「個人的人格」があり、このふたつの人格は対立する傾向にあるといいます。「組織的人格」には規律や忠誠心というものがあり、「個人的人格」には友愛や道徳というものがあります。例えば、家族の大事な行事と、会社の重要な仕事が同時に発生したとき、どちらを取るかというジレンマに陥ったことがある人は多いのではないでしょうか。そして、そのどちらかを選ぶ際に大きな影響を与えるのが、社会の環境だとバーナードは言います。

先ほどの例でいえばバブル期であれば、確実に仕事を選ぶほうが正しいとされたでしょう。しかし、現代であれば、個人を選ぶほうが正しいとされることが多いのではないでしょうか。

リーダーの役目はこの社会の環境を見据えながら、「個人的人格」と「組織的人格」のギャップを少しでも縮めることだとバーナードは説きます。ただ、この社会の環境を見定めることが難しい。社会の環境を見定めることができなかったため「人望」が悲劇的な結末を迎えた例をご紹介しましょう。

本書の主人公西郷武彦のモデルとなった英傑、西郷隆盛は、薩摩藩の下級武士に生まれながらも主君、島津斉彬に抜擢され出世していきました。西郷の価値観や世界観は、斉彬をベースに形成されていきます。斉彬は薩摩という組織をベースにしながら国家の運営を助けていくというスタンスでした。西郷の「薩摩ファースト」はこのときに生まれました。

斉彬は、国（幕府）を動かすには薩摩という藩の力を最大限に高め、その実力をもって意見をしないと何も変わらないと考えました。当時の幕府は親藩出身の老中たちによって運営されており、外様(とざま)大名である斉彬がこの国家運営に加わるためには幕府を恐れさせる力が必要だったのです。

このため斉彬は、藩の改革を行います。外国の最新の軍事を学び、その装備を手に入れ、薩摩藩の軍を日本最強の軍隊に変貌させようとします。また、人事においては役職や身分にかかわらず大胆な抜擢を行います。さらに密かに海外との貿易を盛んにし、経済の立て直しを図ります。いわゆるヒト・モノ・カネの強化を行ったのです。

西郷は斉彬のヒト強化のシンボルでした。西郷はこの斉彬の「薩摩藩は力があるからこそ国を動かせる」という薩摩ファーストの信奉者でした。西郷の価値観を形成したのは斉彬の影響と、もうひとつは下級武士の出身という彼の生い立ちでした。薩摩では下級武士に対する差別が酷く、下級武士の間にはそのことに対する不満が常に存在しました。斉彬の人材登用による西郷の出世は、下級武士たちの希望であり、彼らが夢見る世界観が西郷に植え付けられていきます。

幕末においての西郷は、斉彬の跡を継いだ島津久光の迫害に遭いながらも（その迫害がまた、下級武士の間での西郷の求心力を高めるという皮肉な結果につながります）薩摩にとってなくてはならない存在になります。ときには幕府勢力である会津藩と組んで、反幕府勢力である長州を追い落としながら、時勢が変化するとその長州と同盟を結んで幕府や会津藩を倒すというある種の矛盾は、西郷にとっては「薩摩ファースト」という考えの中では至極当たり前のことであり、彼の配下の薩摩藩士たちは一丸となって西郷のリーダーシップに従っていくわけです。

明治維新後は、西郷の価値観は「薩摩ファースト」から「下級武士の地位向上」に変化していきます。明治維新は、それまでの武士社会の秩序の打破を目指したものであり、薩摩藩の下級武士たちは続々と新政府の要職につき、栄華を極めていきます。ここで、西郷の目指した価値観や世界観は達成され、西郷の「人望」もまた絶頂に達します。

しかし、ここで大きな変化が生まれます。西郷が為した社会は、今度は「武士」という価値観から離れようとしていくのです。明治政府は迫りくる欧米列強に対抗するため廃藩置県、版籍奉還を行います。この二つは社会全体の仕組みを大きく変換させるもので激しい抵抗が予想されましたが、ここは西郷の「人望」と薩摩藩の武力の圧によって成功します。この二つは既存のエリート層である上級武士の地位の剝奪という側面が強く、西郷の人望の源である下級武士にとっては好ましいことでした。しかし、明治政府はこのあと、徴兵令や廃刀令を繰り出し、上級武士だけでなく下級武士の地位も剝奪していきます。時代の流れは、武士という支配階級そのものを変更し、国民という概念を生み出していくのです。

当然、このことに強い不満を持つ下級武士たちが期待したのは西郷でした。西郷は、下級武士たちの不満を解消すべく、征韓論を打ち出しますが、これも反対に遭い、最後は彼の人望の源である薩摩の下級武士たちに担ぎ上げられるような恰好で西南戦争を起こし、斃れました。

西郷を知る人によれば、西南戦争の頃の西郷は幕末の頃とは別人のように無為無策であったといいます。西郷にとってみれば、社会との価値観や世界観がかけ離れ、彼を慕う人たちの矛盾を縮める術を持たなかったのでしょう。**「人望」が極まると、もはやその「人望」自体が意思を持ち、人望を持つ「人」の意思を超えて暴走する危険性も孕んでいることを忘れてはいけません。**世にいうカリスマとは、この「人望が極まった状態」にあることです。それがどれほどの負の遺産を生み出したかは歴史を見ればわかると思います。

「部長。社長がお呼びです」

ヨッバとの合併問題が収束してから一ヶ月が経過したある日のこと。西郷は、敏光から呼び出しを受けた。ヨツバ問題において、敏光は西郷との連携を行ったが、その後は以前のように距離を置いた関係に戻っていた。西郷もまた、敏光とはフラットな関係を保とうした。お互い膝を突き合わせて話すなどということは皆無であった。

「わかった。すぐに伺うと伝えてくれ」

西郷は、電話を取り次いだ女性社員に声をかけると、足早にフロアを出て、ビルの最上階にある敏光の社長室に向かった。

「お客様とお待ちでございます」

社長室につくと、秘書の寺島が近づいてきて西郷に耳打ちした。

「お客様?」

「才谷様です」

寺島は小さな声で伝えると、敏光の執務室の扉を開いた。応接のソファには敏光と、才谷、そして見慣れぬ男がいた。細身で長い顔に鋭く吊り上がった目、色白で一見すると病的な感じがするが、全身を包む気迫がある。

「西郷。紹介しよう。ヨツバの高杉真一さんだ」

「高杉……」

ヨツバの役員で、強硬にＢＥＡＴＥＣＨとの合併に反対していた取締役である。

「高杉です」

高杉は立ち上がって、名刺を差し出した。その目は友好的なものではなく敵対心に溢れている。西郷は戸惑いながらも名刺を交換した。その様子を才谷はにやにやしながら見ている。

「ヨツバさんとの合併は見送ったが、両社での取り組みは続けていこうということになった。その第一弾として、両社の出資でモバイル領域の新事業会社を設立することになった。ヨツバさんからは高杉さん。そして我が社からは、君に代表として就いてもらうことにした」

「私が……ですか……」

西郷は言葉を失った。目の前の高杉は、睨みつけるように西郷を見ている。

「合併に大反対だったふたりが共同代表で、新しい事業に向かう。ヨッツバとＢＥＡＴＥＣＨの新しい歴史に相応しいだろ」

才谷は大きな口を開けて笑った。

「才谷さん。あなたという人は……」

「俺はあきらめないって言ったろ。ただやり方は変えることにした。いきなり合併はやはりハードルが高い。まずは両社のリソースを使って、新しい領域に踏み込ませることが良いと思ってな。その代表にはヨッツバファーストの高杉くんとＢＥＡＴＥＣＨファーストのあんたが適任だと思った次第だ」

才谷は立ち上がり、高杉と西郷の間に立った。そして両者の手を取り、その上に自分の掌（てのひら）を重ねた。

「西郷さん。私はヨッツバの再建はヨッツバで行うべきだと考えている。しかし、ヨッツバが内向きの思考に陥り、新しい刺激を受け入れなくなっているのも事実だ。私はあなたたちを利用させてもらう。あくまでヨッツバのために」

高杉は鋭く言った。

「西郷。売られた喧嘩(けんか)は買う。それが私の主義だ。新会社でBEATECHの力をヨッバの皆さんに思い知ってもらうがいい」

敏光が西郷に声を掛けた。その目は西郷が今まで見たことのない希望に溢れたものであった。西郷は大きく息を吐いた。

「西郷さん。受けてくれるよな」

才谷が西郷を見る。才谷の目もまた希望に溢れていた。西郷の脳裏に彬光が浮かぶ。

「西郷。人は望むのではなく望まれるようにならなければならん。それが人の価値だ」

いつぞや彬光が西郷に掛けた言葉であった。西郷は目の前の高杉をまっすぐ見た。

「やる限りは互いの出身会社を超える会社を作りましょう」

西郷の新しい旅のはじまりであった。

人望とは何か？ 16

「人望がある人とは、希望を与えられる人」

本書は「人望」について書いてきました。書き進めてみると私自身、いろいろな気づきがありました。「人望」がある人は価値観や世界観を定められ、それを人に伝えられる人。そして、その価値観や世界観は社会の変化や、環境の変化との調整が必要ということ。そして、その変化を知るには、観察能力が必要ということ。観察能力を鍛えるには五つの観点が有効であること。そして何よりも大事なことは、そこに「希望」を見出せるかどうかということです。

現代は、どちらかというと、希望よりも安定を望む傾向にあります。挑戦による成功への期待よりも、失敗の恐怖が先立ちます。特に大企業ではその傾向が強くなり、トップ自らがリスクを必要以上に恐れているように感じます。変化が起こらなければ安定はしますが、そこに固定されてしまう人には「希望」はありません。「希望」がなければ成長もしませんし、そのための努力も行わないでしょう。

現代における「人望」の欠如は、社会全体の停滞を招いているといえます。最近は、人より「賢い」もしくは「論破」する人が人気です。人気ではありますが、こういう人は「人望」があるとはいえません。**「人望」がある人とは「希望」に向かって皆を行動に導く人です。**誰かを論破したところで、それではさらに人は行動しなくなるのがオチです。行動には常に失敗がつきまといますし、行動によって変化が起これば同時に今までの概念が変わり、矛盾も生まれます。

「人望」のあるリーダーは失敗を経験に変化させ、矛盾が生まれれば、その矛盾を少しでも解消していく努力をする人です。そして、「個」の力ではなく「集団」の力を最大化して社会に希望を与える人です。ただし、そのためには常に自分の価値観や世界観と社会を照らし合わせて調整する努力も必要です。

今、世界は激動しています。日本も長い停滞期にありますが、社会や世界の変動は必ず日本全体にも変化を与え、「人望」のあるリーダーが出現するでしょう。そして願わくは、本書を手に取っていただいた方からそんなリーダーが生まれることを祈っております。

5 リーダーとは何か？

1 経営とは人の調和を図り、人の意見をまとめ、進むべき方向を決めることのみである。

2 「人望」が極まると、もはやその「人望」自身が意思を持ち、人望を持つ「人」の意思を超えて暴走する危険性も孕んでいる。

3 「人望」がある人とは、「希望」に向かって皆を行動に導く人のこと。

PHP INTERFACE
https://www.php.co.jp/

眞邊明人［まなべ・あきひと］

脚本家、演出家。1968年生まれ。同志社大学文学部卒。大日本印刷、吉本興業を経て独立。独自のコミュニケーションスキルを開発・体系化し、政治家のスピーチ指導や、一部上場企業を中心に年間100本近くのビジネス研修、組織改革プロジェクトに携わる。研修でのビジネスケーススタディを歴史の事象に喩えた話が人気を博す。
著書にベストセラーとなった『もしも徳川家康が総理大臣になったら』（サンマーク出版）、『28歳フリーターが総理大臣と総選挙で戦ってみた』（KADOKAWA）など。

小説 人望とは何か？

（PHP新書 1371）

二〇二三年十月二十七日 第一版第一刷

著者——眞邊明人
発行者——永田貴之
発行所——株式会社PHP研究所
東京本部——〒135-8137 江東区豊洲5-6-52
ビジネス・教養出版部 ☎03-3520-9615（編集）
普及部 ☎03-3520-9630（販売）
京都本部——〒601-8411 京都市南区西九条北ノ内町11
組版 制作協力——株式会社PHPエディターズ・グループ
装幀者——芦澤泰偉＋明石すみれ
印刷所 製本所——図書印刷株式会社

ISBN978-4-569-85571-4

ＰＨＰ新書刊行にあたって

「繁栄を通じて平和と幸福を」(PEACE and HAPPINESS through PROSPERITY)の願いのもと、ＰＨＰ研究所が創設されて今年で五十周年を迎えます。その歩みは、日本人が先の戦争を乗り越え、並々ならぬ努力を続けて、今日の繁栄を築き上げてきた軌跡に重なります。

しかし、平和で豊かな生活を手にした現在、多くの日本人は、自分が何のために生きているのか、どのように生きていきたいのかを、見失いつつあるように思われます。そして、その間にも、日本国内や世界のみならず地球規模での大きな変化が日々生起し、解決すべき問題となって私たちのもとに押し寄せてきます。

このような時代に人生の確かな価値を見出し、生きる喜びに満ちあふれた社会を実現するために、いま何が求められているのでしょうか。それは、先達が培ってきた知恵を紡ぎ直すこと、その上で自分たち一人一人がおかれた現実と進むべき未来について丹念に考えていくこと以外にはありません。

その営みは、単なる知識に終わらない深い思索へ、そしてよく生きるための哲学への旅でもあります。弊所が創設五十周年を迎えましたのを機に、ＰＨＰ新書を創刊し、この新たな旅を読者と共に歩んでいきたいと思っています。多くの読者の共感と支援を心よりお願いいたします。

一九九六年十月

ＰＨＰ研究所